U0138742

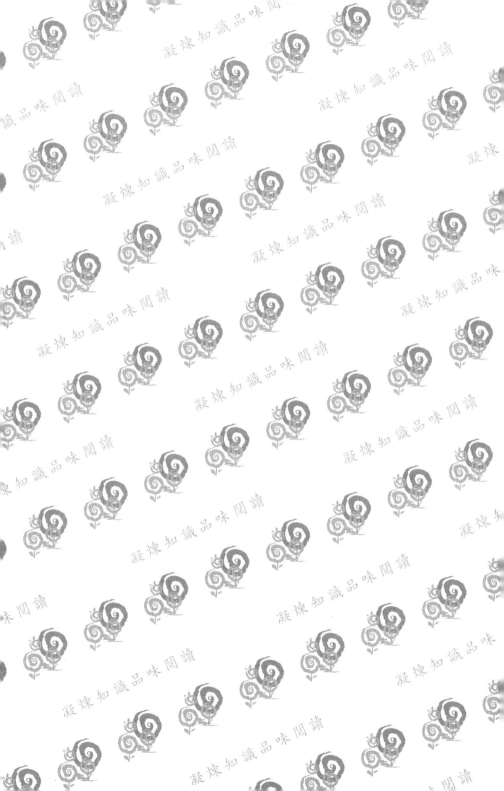

重度與多重障礙

李翠玲·著

五南圖書出版公司 印行

❧ 吳 序 ❧

　　重度與多重障礙者教育是一份具備高度挑戰性質的工作，也是一份容易有挫折感的工作，亟需藉助專業與資源的支持，然而國內一直缺乏本土化且兼顧理論與實務的專書，李翠玲教授所撰寫的《重度與多重障礙》一書，不啻為此領域的教育與照護工作者提供了極具參考價值的資料。

　　李教授是一位傑出的特殊教育學者和實務工作者，其為學精神和服務熱忱，令人敬佩。她是臺灣師大特殊教育研究所第三屆畢業生，那時我是所長，也是她碩士論文的指導教授。後來她獲得教育部公費補助出國留學，獲得英國伯明罕大學博士學位。返國後在國立新竹教育大學特殊教育系任教至今，現在擔任該系的系主任，並將障礙教育的問題與趨勢等內容，輯成《重度與多重障礙》一書。這本書除能提供作此一領域學術探討的重要文獻外，更能在課程教學上提供實際現場教學之應用，裨益我特教家族不淺。

　　本書材料新穎、內容充實、條理井然、文筆暢達，能先睹為快，實感榮幸，欣喜之餘，特綴數語，以示慶賀。

國立臺灣師範大學特殊教育系名譽教授

吳武典　謹識

2008 年 10 月

林 序

隨著融合教育的興起，重度與多重障礙者之教育逐漸受到重視，目前國內特殊學校、啟聰學校、啟明學校所招收的學生中，也越來越多是屬於智障多重、聾多重、盲多重等多重障礙學生，教學的難度也隨之增加，亟需參考有關重度與多重障礙方面的教學資料，然而國內卻一直未見較有系統的多障專書出版。李翠玲教授之《重度與多重障礙》則可提供這方面的貢獻。

李教授長期在多重障礙領域從事教學與學術研究工作，累積了豐富的專業與經驗，對從事特特殊教育課程教材教法或重度與多重障礙教育與實務工作者提供了寶貴的資料。

欣見此書之出版，為特殊教育有關多重障礙領域提供豐富的參考資源，欣喜之餘，特綴數語，以表鄭重推薦，並祈國內外特教工作者共同分享李教授之智慧結晶。

國立臺灣師範大學特殊教育系退休教授

林寶貴 謹識

2008 年 10 月 6 日

❧ 自 序 ❧

　　「重度與多重障礙」是大學特殊教育學系之一門課程，也是我在回國後任教的第一門課，十年前這門課算是比較新的課程，國內有關重度與多重障礙課程的資料相當缺乏，隨著重度與多重障礙者的教育逐漸受到注視，資料也隨著比較多，但是至今國內仍缺乏較有系統的有關多重障礙教育之教科書，我一直希望能把自己多年來的教材整理出書，但諸事繁忙，就一直拖下來。

　　今年又開這門課，便嘗試整理資料，初稿在六月完成，但修改的時間仍花費相當多的時間，修正完，再看看，又覺得不足，又再修改，來來回回，花了不少時間，如今總算完成，也算對自己這幾年來從事有關多重障礙教育之學術與實務工作作一階段性的交代。

　　這本書主要彙整我在「重度與多重障礙」、「多重障礙教材教法」、「多重障礙實習」等科目的教學資料與自己曾經寫過的相關學術論文，全書共分十二章，包括多重障礙概論（特徵、評量、趨勢）、主要多障類別教育（腦性麻痺、盲聾、重度智能障礙）與多障課程（感覺知覺動作課程、功能性學業課程、進食技巧、多感官課程）等，涵蓋理論與實務。

　　此書與一般特殊教育專書較為不同的是納入屬於體制外之華德福教育對特殊教育學生定義的觀點（參見第一

章），也就是以「人智學」的角度定義特殊孩子，並提供華德福教育最具代表性的課程「優律斯美」（Eurythmy）之理念與實施方式（參見第六章），期能提供予讀者更多元的選擇與應用。

感謝恩師吳武典教授與林寶貴教授在特教領域一路相挺，並為本書寫序，同時也感謝長庚大學職能治療學系孟令夫教授提供本書有關腦性麻痺學生擺位處理的寶貴意見。筆者才疏學淺，今不揣淺陋，撰述此書，盼能拋磚引玉，為特殊教育盡一份心力，然而疏漏、錯誤之處在所難免，期望教育先進、夥伴不吝惠賜指正。

國立新竹教育大學特殊教育學系

李翠玲　謹識

2008 年 10 月

目　錄

～⚘ 表目錄 ⚘～

圖目錄

第一章

緒　論

「有呼吸就有希望」，隨著人權的重視與科技的進步，昔日被忽視的重度及多重障礙學生的教育，逐漸受到重視，在強調「零拒絕」、「融合教育」的教育理念與政策下，拒絕重度與多重障礙孩子入學已不合時宜。然而不可否認，重度與多重障礙者之教育仍然是一份具備高度挑戰的工作，為了獲得有效的教學效果，必須先對這類孩子有一通盤之認識，本章即針對定義、類型、身心特質與出現率探討。

◆第一節◆　多重障礙定義

　　重度障礙與多重障礙常合併為一類討論，若就障礙內容與程度而言，多重障礙未必是重度障礙，重度及極重度障礙者通常多為多重障礙者，並且有些多重障礙者並不一定具有智能障礙，兩者均需要相當程度性的支持系統與協助以幫助其就學、就醫、就養、就業。而多重障礙的定義關係著出現率的高低與後續所提供教育的措施的品質與數量，實有必要加以瞭解，本節以三種觀點闡述多重障礙之定義，包括生態觀點、醫學觀點與人智學觀點，說明如下：

一、生態觀點

　　重度障礙常與多重障礙這些孩子需要的是長期且多元的服務措施，也需要專業團隊的服務，美國重度障礙者協會（The Association for Persons with Severe Handicaps, TASH）以生態環

境的觀點對重度障礙的定義如下：

> 重度障礙者是指需要廣泛與持續的支援服務（extensive
> ongoing support）者，目的在促進其人之參與社會能力和享
> 受生活品質。這些生活上服務的支援包括移動、溝通、自
> 我照顧、學習等，以作為達到獨立生活、就業和發揮自我
> 效能之需求。

　　▸資料來源：Meyer, Peck, & Brown (1991: 19)

　　以上對重度障礙者的定義是以個人對生態環境之需求的程
度來定義障礙，即以生態環境所提供的資源來定義，這種觀點
有利於思索創造一個人性化與支持性的環境。然而大部分多重
障礙者會被視為有感官方面的缺損、腦部功能的缺損和基因
的問題所引起認知發展、社會和身體等功能的技能獲得困難
（Kirk & Gallagher, 1992），這種觀點是偏重醫學來定義，我國
特殊教育法所做的定義即著眼於此，下列所述即屬醫學觀點之
定義。

二、醫學觀點

　　多重障礙的另一種定義是採用醫學觀點，純就生理缺陷發生
的類別來定義，這樣的定義呈現於我國特殊教育法（1997）之
相關子法「身心障礙及資賦優異學生鑑定原則鑑定基準」中，
在該鑑定基準之第十一條規定：「本法第三條第二項第九款所
稱多重障礙，指具兩種以上不具連帶關係且非源於同一原因之

障礙而影響學習者。」這裡所稱的連帶關係是指障礙本身所具備的特徵，例如唐氏症兒童是不兼肢體障礙、語言障礙、情緒障礙或學習障礙，因為這是屬於唐氏症的連帶關係，但假如攻擊他人時則稱唐氏症兼情緒障礙。又如自閉症的學生，因神經心理功能異常而同時間具有溝通障礙、社會性障礙及行為問題，雖然這些障礙造成在學習及生活適應上有顯著困難，但因此三種障礙為同一原因所造成，故不認定為多重障礙，但是當同時出現視覺障礙或聽覺障礙時，則稱自閉症兼視覺障礙或聽覺障礙，因為視覺障礙或聽覺障礙與自閉症並無連帶關係。

三、人智學觀點

　　華德福教育（Waldorf Education）是近一百年前根據奧地利學者魯道夫・史代納（Rudolf Steiner, 1861-1925）的教育理念而創設之私立實驗學校，史代納以人類學的角度經營教育，其理念也稱為人智學（Anthroposophy），人智學對障礙的定義是從身、心、靈出發，他們認為我們的身體是遺傳於父母，這是一個基模，靈性的自我則是由另一個世界而來，應該注入於此一模型之中，兩者必須契合，才是一個全人，但特殊學生的靈性與自我部分無法契合，也就是肉體（physical body）與心（soul body）、靈（spirit body）不平衡，所以導致身心的障礙（Steiner, 1972）。史代納認為教育是一種潛移默化的治療，而特殊教育的基本理念就是幫助人的精神個體完全進駐到軀體中，使人的個體精神得到充分展現來完成精神個體在地球

上的使命。智障者之所以成爲智障，是因爲他的個體靈魂未能完全進駐到他的身體，精神個體未能在軀體中起到「主導」的作用，因此無法使個人社會化像正常人那樣生活。對於智障者的特殊教育，就要使教育者對智障者的精神和靈性產生更大程度上的覺醒，從事智障者的教育人員更要明顯地爲精神個體工作，更加清楚地認識到人類靈性的本質及其未來的命運（黃曉星，2005）。

　　至今中外對多重障礙仍然無法有公認的定義，一種障礙加上另一種障礙類別所構成的障礙情形，並非僅是幾種缺陷的聯合存在而已，而是構成了另一種獨特的障礙情形，因此多重障礙的合併所造成的教育問題，通常非單爲某一障礙而設的特殊教育方案所能因應，必須結合不同的專家來介入，且在執行安置時，應謹愼考量。如果診斷及評量的結果指出該多重障礙學生需要的是學業知識，則該兒童不應轉介至提供給多重障礙的課程中，如果該名兒童需要的是生活自理技能、精細及粗大動作技能、基本溝通發展、基本社會技能發展、基本認知或學業技能等基本技能發展，則這位兒童應轉介至提供多重障礙課程之安置場所才適宜。

◆第二節◆　多重障礙類型

　　多重障礙學生的異質性很高，很難一以概之，就多重障礙的類型而言，我國教育部（1992）「多重障礙兒童鑑定標準及

就學輔導原則要點」依影響發展與學習最嚴重之障礙為主要障礙，將多重障礙分為五大類：(1)以智能障礙為主之多重障礙；(2)以視覺障礙為主之多重障礙；(3)以聽覺障礙為主之多重障礙；(4)以肢體障礙為主之多重障礙；(5)以其他某一顯著障礙為主之多重障礙。茲以較常出現在教育體系的障礙組合，包括智能障礙、感官障礙、腦性麻痺、自閉症為主要障礙類別而兼具其他障礙的多重障礙說明如下：

一、智能障礙兼其他障礙

智能障礙容易造成學習的緩慢，也就可能合併其他的學習困難，有些孩子可能聽障兼智障，此時要審慎了解是因聽障引起的學習問題，還是真正兼有聽障；視障的情形也是一樣，所以進行區別性的診斷是有必要的。

智能障礙的孩子有認知能力的限制及固執和不知變通的特性，這些可能影響到他的生活適應，因此針對以智能障礙為主的多重障礙學生，其社會技巧的訓練應納入學習訓練之重點。

二、視障兼聽障

又盲又聾的孩子在學習的溝通管道上是教育的大挑戰，此一類型的代表人物是海倫‧凱勒（Helen Keller）。感官的缺陷除盲聾雙重感官缺陷這一類別外，也有可能三重感官缺陷或更多重感官缺陷，這類孩子的教育重點應開發其溝通能力，使用

有效溝通法來開啓學生的學習管道，例如，手語法、口語法、手指語溝通法等，只有幫助孩子達到溝通的目的，學習才能展開，因此愼選適合孩子的溝通方式是這類孩子教育的第一要件。

三、腦性麻痺兼其他障礙

　　腦性麻痺的孩子常被視爲是智能障礙的孩子，事實上雖非所有的腦性麻痺孩子都有智能上的問題，然而兩者之間的關聯性仍非常高，許多的文獻支持有50%的腦性麻痺孩子兼有智能障礙（中華民國傷殘重建協會，1990）。腦性麻痺的孩子除了可能兼有智能障礙的情形外，在語言方面、動作方面也常有問題，這是一個較典型的多重障礙類型。

四、自閉症兼其他障礙

　　自閉症的原因至今仍是未解之謎，通常這些孩子因其異於常人的特徵，大概在兩歲半前會被發現，其典型特徵是有溝通和固執性行爲問題，整體而言，自閉症孩子的特徵包括：

1. 無法與人互動。
2. 語言有缺陷，常出現鸚鵡式語言。
3. 有感覺的缺陷，造成對聲音、光線、身體接觸或疼痛的反應不足或過度反應。
4. 表現不適當行爲，諸如容易發怒、面無表情等。

5. 沈溺於反覆性自我刺激的行為，妨礙學習。

6. 無法發展出正常適合的遊戲行為。

7. 對環境呈現固著行為。

以上這些行為特徵可能深深地困擾著自閉症者之家人，同時因無法與人互動溝通，以致影響了他的語言與認知的發展，呈現出個人、社交和文字寫作能力的多重障礙（Atwood, 1993）。

··第三節··　多重障礙特徵

多重障礙學生的殘障病源不一，伴隨障礙的情況與嚴重性亦不一致，因此其身心特質也很難有一致的情形，以下是大多數多重障礙學生特質之歸納：

1. 社會行為：多重障礙者常有的社會行為呈現兩極化，包括反應不足、過度反應以及自我刺激。

2. 溝通技巧：這類孩子普遍有語言障礙的問題或根本沒有語言能力。

3. 自理能力：生活自理能力困難，包括飲食、咀嚼、穿著、如廁等方面皆有困難。

4. 感知動作能力：感覺與知覺不足或過度敏感，或因肢障或視障造成行動困難。

5. 認知能力：聽說讀寫算能力不足。

6. 職業能力：基本能力、挫折累積、工作態度不佳造成職業

能力表現不佳。

　　雖然多重障礙有以上的特徵，但此並不意謂著多重障礙的行為特徵與學習特色係各種不同障礙之組合或相加。多障者因顯著障礙的組合種類繁多，其障礙並非兩種或兩種以上障礙的聯合存在，而是構成另一種獨特的障礙（林宏熾編著，2000）。以多重障礙的異質性與複雜度來說，多重障礙兒童的障礙不是兩種或多種障礙相加的總合，而可能是相乘的結果，所以衍生出一種新的障礙類別。

◆◆第四節◆◆　多重障礙出現率

　　隨著醫學的進步，昔日生下來狀況不佳的孩子，很可能在醫療環境不好的情況下，無法存活，但現今醫療設備進步，生存權觀念深入群眾，許多病重的小孩被救活下來，也留下了重度和多重障礙的狀況，因此這類人口的數字隨著醫療的進步，不但未見減少，反而有增加的趨勢。

　　Evans（1991）根據 1983 年美國註冊接受特殊教育服務的孩子中，發現有 0.07% 是多重障礙者。Baldwin（1997）的報告書中提到，在美國有 11,053 人為盲聾殘障，但他也同時指出，因為低估，所以人數應高於此，合理的推估是每 1,000 位特殊兒童，應有 2 位多重障礙兒童。

　　根據我國第一次全國特殊兒童普查（教育部特殊兒童普查執行小組，1976）的結果顯示，我國 6～12 歲學齡兒童中，特

殊兒童的出現率為 1.27%，其中多重障礙兒童的出現率占所有障礙兒童的 6.36%。而我國在民國 79 年（1990 年）所做的特殊兒童普查發現，在 6～15 歲學齡兒童中，特殊兒童的出現率為 2.12%，其中多重障礙兒童共 7,315 人，占所有身心障礙兒童的 9.68%。若再就 7,315 名多重障礙兒童進行深入分析則可發現，每人平均合併 2.41 種障礙項目，其中合併障礙人次最多者為智能障礙，其次為肢體障礙，而以合併自閉症者最少（教育部特殊兒童普查執行小組，1993）。

從調查重度與多重障礙孩子的出現率來看，與實際的出現狀況相比是有偏低的情形，這是因為要正確估計重度與多重障礙兒童的出現率有困難，因重度與多重障礙的定義不明，迄今仍無一致標準，同時界定障礙標準不同，以致有些多重障礙學生被歸類到單一障礙類別，因此實際上重度與多重障礙孩子的出現率是比調查數字為高。面對多重障礙孩子出現率與類型，在這種情形下，教育單位、社會福利或其他相關單位應該要有相關的措施以作為因應。

◆◆ 總　結 ◆◆

處理多重障礙的孩子之困難處包括生理、心理、智能或（及）感官等，他們的問題較複雜，因此需要長期和多元的服務措施，Kirk 與 Gallagher（2000）就指出對多重障礙兒童的教育重點必須包括確定其功能性程度為何、進行雙重診斷、提供

適齡活動與多樣化普通班之調整課程；也就是診斷與教學設計均需針對其功能性能力來設計，這些重點在之後章節將有詳細分析。

✦參考文獻✦

✦中華民國傷殘重建協會（1990）。**多重障礙兒童照顧及訓練技術手冊**。中華民國傷殘重建協會。臺北市。

✦林宏熾編著（2000）。**多障學生輔導手冊**。臺南市：國立臺南師範學院。

✦教育部（1992）。**多重障礙兒童鑑定標準及就學輔導原則要點**。

✦教育部（1997）。**特殊教育法**。教育部。臺北市。

✦教育部特殊兒童普查執行小組（1976）。**中華民國第一次特殊兒童普查報告**。臺北市：教育部教育研究委員會。

✦教育部特殊兒童普查執行小組（1993）。**中華民國第二次特殊兒童普查報告**。臺北市：教育部教育研究委員會。

✦黃曉星（2005）。華德福的特殊教育。**教育之道，2**。發表時間：2005. 9. 13，取自http://www.waldorfchina.org.cn/jyzd/newsshow.asp?newsid=379

✦Atwood, A. (1993). Movement disorders and autism acquired in review of communication abound. *American Journal of Mental Retardation, 99*(4), 450-451.

+ Baldwin, V. (1997). *Annual census report*. Monmouth, OR: National Technical Assistance Consortium, Teaching Research Division.

+ Evans, I. M. (1991). Testing and diagnosis: A review and evaluation. In L. H. Meyer, C. Peck, & L. Brown (Eds.). *Critical issues in the lives of people with severe disabilities*. Baltimore: Paul H. Brookes.

+ Kirk, S. A., & Gallagher, J. J. (1992). *Educating Exceptional Children*. (8th. Ed.). Boston: Houghton Mifflin.

+ Kirk, S. A., Gallagher, J. J. & Anastasiow, N. J (2000). *Educating Exceptional Children*. (9th. Ed.). Boston: Houghton Mifflin.

+ Meyer, L. H., Peck, C. A., & Brown, L. (1991). *Critical issues in the lives of people with severe disabilities*. Baltimore: Paul H. Brookes.

+ Steiner, R. (1972). *Curative Education*. London: Rudolf Steiner Press.

第二章

多重障礙　成因與預防

造成重度與多重障礙的情況有已知與未知的成因，大部分仍是未知的，而就已知的眾多成因中，有些可以提早預防，本章即針對多重障礙的成因以受孕期、出生前、出生時與出生後等階段提出探討，並進一步提出可能的預防策略。

··◆第一節◆·· 多重障礙成因

在已知的多重障礙成因中，可從幾個不同階段來探討，包括出生前的基因等遺傳因素與染色體問題、懷孕過程的感染、分娩過程的難產與缺氧問題與出生後的腦部病變與外傷造成等，以及大腦中樞神經受損等，而形成重度與多重障礙現象，在不同階段造成多重障礙的成因探討如下：

一、受孕期

如果父母家族有基因的問題，導致未來新生兒新陳代謝的問題，以及染色體的問題等先天因素，很可能未來出生的孩子產生諸如苯酮尿症（PKU）、唐氏症等障礙兒童。圖 2-1 為唐氏症染色體組型，即在第 21 對染色體處多了一個。

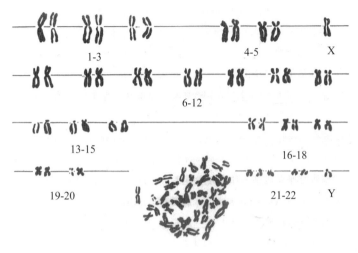

◎圖 2-1　唐氏症染色體組型

二、出生前

　　母親在懷孕過程中感染病毒，包括梅毒、德國麻疹等、照射放射線和孕婦與胎兒 Rh 血因子不合症等因素導致胎兒受損，都有可能導致胎兒發展過程的障礙，因此形成聽障、視障等感官或多重感官缺陷或動作障礙，也有可能導致智能障礙，例如大頭症與小頭症等。

三、出生時

　　在生產過程中如果遭遇到難產、產程過長、助產器使用不當等情形，將導致新生兒缺氧等狀況，造成腦部受損，這樣的

情形可能導致新生兒未來變成多重障礙孩子的機率增加。圖2-2 是各種胎位不正圖，有這些胎位的胎兒在生產過程中如處理不當，將形成多重障礙的高危險群。

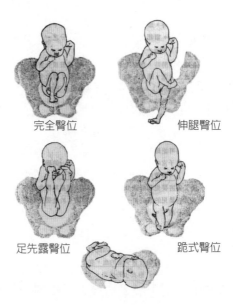

完全臀位　　　　　　　　　伸腿臀位

足先露臀位　　　　　　　　跪式臀位

◎圖 2-2　不正常的胎位

▸資料來源：詹益宏（1988：118）

四、出生後

　　出生後，後天腦部病變包括腦炎、腦膜炎，環境因素的不良，包括鉛中毒、孩子受虐導致腦部受傷等因素，也可能導致多重障礙的情形發生。

表 2-1 是多重障礙成因有關病源、過程與典型結果之歸納整理（Behrman, Vaughn, & Nelson, 1987）。

◎表 2-1　多重障礙成因

時間	病源	過程	典型結果
受孕期	基因異常、遺傳、遺傳性新陳代謝問題	對胎兒產生嚴重變化、無法進行正常的新陳代謝過程	唐氏症、泰沙氏症、苯酮尿症與其他異常情形如沒有處理，將導致重度智能障礙
出生前	母親感染德國麻疹或病毒、服用毒品或Rh血因子不合	干擾胎兒中樞神經系統的發展	視、聽、智能與動作障礙
出生時	缺氧、體重過低、早產	干擾中樞神經系統發展	腦性麻痺、智能障礙、其他從正常到重度、極重度障礙
出生後	腦炎、腦膜炎、受虐導致腦部受損	腦神經細胞損傷	癲癇、智能障礙、動作障礙

▸▸資料來源：Behrman, Vaughn, & Nelson (1987)

通常造成重度智能障礙主因為基因異常、生化異常，或先天病毒感染所致，與環境的成因較無關係存在。除非病人合併有腦性麻痺，否則智能障礙和新生兒窒息症是沒有密切關係的。

·◆第二節·◆　多重障礙預防

雖然絕大多數多重障礙的成因不明，但就已知的成因中有

些是可以預防的，例如染色體異常問題，可從父母懷孕的年齡來預防，因爲愈高齡的父母，其生出多重障礙孩子的機率愈高；絕大多數的人感染過一次德國麻疹，則終身免疫，因此婦女爲了避免懷孕時感染，宜及早施打德國麻疹疫苗；Rh血因子不合的預防則可透過產前檢查，醫師及早發現胎兒在母體內發生溶血性貧血時，可於懷孕36週引產或利用特殊檢查，在母親子宮內進行輸血，改善貧血現象。如果是已出生的小孩，需趕緊換血。其他孕婦亂服藥、產程不當或頭部受傷等，都可事先預防，避免悲劇發生。

　　一般而言，孕婦可以於產前利用的羊膜穿刺（amniocentesis）、絨毛檢驗（chorionic villus sampling, CVS）、母體血液檢驗、超音波（ultrasound）、臍帶衡鑑等技術來查探胎兒的狀況；此外亦可以於產後爲新生嬰幼兒進行定期檢查，以篩選各種可能的遺傳或染色體異常的病病、新陳代謝異常、病毒或細菌感染、身體或大腦損傷等。此外爲降低孕婦懷孕期間造成多重障礙孩童的風險，孕婦宜遵照如下的指示以減少生出身心障礙嬰兒的可能率：(1)適當飲食；(2)適當的增加重量；(3)保持強健的身體（規律的運動）；(4)不抽菸（也不吸二手菸）；(5)不喝酒（不食用毒品、麻醉品、咖啡因等）；(6)避免用藥（如有必要，定由醫師開方）；(7)良好的醫療照顧（找合格的婦產科醫師）；(8)預防或立即治療感染；(9)多休息（避免女超人症候群）；(10)有精神壓力即刻尋求諮商與輔導（Eisenberg, Murkoff, & Hathaway, 1986）。

艾普格計分表（Apgar Score System）是用於嬰兒出生後一分鐘與五分鐘時檢查新生兒健康狀況的一種評分法。這項檢查就心跳速度、呼吸情形、肌肉張力、鼻孔對橡皮管反應及皮膚顏色五個項目來評分。如果新生兒經檢查後得到 10 分，表示新生兒處於極佳健康，如果是 3 分以下，就要送新生兒加護病房急救；4～6 分會要送新生兒中重度加護病房或中重度病房，所有的評分標準詳見表 2-2。

◎表 2-2　艾普格計分表

		0分	1分	2分
A	外觀 （Appearance）	紫色或蒼白	軀幹粉紅四肢發紫	全身粉紅
P	心跳（Pulse）	無	小於每分鐘100次	大於每分鐘100次
G	對刺激反應 （Grimace）	無	皺眉	咳嗽、打噴嚏
A	肌肉活動力 （Activity）	鬆弛	四肢微曲	四肢曲張良好
R	呼吸 （Respiration）	無	慢、不規則	哭聲宏亮

　　根據上表，如果新生兒出生時不哭，艾普格計分表得分低於 3 分，或新生兒時期有不正常的神經狀態，例如食量少、活動力少等，或在新生兒時期發生驚厥者，其以後發展成腦性麻痺的危險性就大得多。

　　在 1981 年，《小兒科》這本舉世著名的期刊第六十八卷中指出：「美國尼爾森醫師統計 49,000 名出生之後艾普格計分表很低的新生兒，在長大之後會產生腦性麻痺的機會，結果發

現近 75% 的腦性麻痺新生兒在五分鐘的分數是 7～10 分，而在二十分鐘評估的分數是 3 分以下的新生兒，長大之後會形成腦性麻痺的機會近 60% 左右。」（陳鈜煒，1999）。

·◆·總　結·◆·

重度與多重障礙的成因至今仍有很多部分是不明原因，但就已知的部分，可就受孕期、出生前、出生時、出生後進行瞭解，並小心預防，預防措施可以包括羊膜穿刺、絨毛檢驗、母體血液檢驗、超音波或臍帶衡鑑等，同時艾普格計分表也是可以利用來預測新生兒未來可能多重障礙的孩子的一種檢測方式。

·◆·參考文獻·◆·

✦陳鈜煒（1999 年 9 月 4 日）。從折翼天使小慧君看愛碧嘉計分法。聯合報，9 版。

✦詹益宏（1988）。**性醫學**。臺北市：牛頓。

✦Behrman, R., Vaughn, V., & Nelson, W. (1987). *Nelson textbook of pediatrics*. Philadelphia: Saunders.

✦Eisenberg, A., Murkoff, H. E., & Hathaway, S. E. (1986). *What to expect when you're expecting* (2nd ed.). New York: Workman.

第三章

專業團隊診療

「身心障礙教育專業團隊設置與實施辦法」指出，所謂的專業團隊是指為因應身心障礙學生之課業學習、生活、就業轉銜等需求，結合衛生醫療、教育、社會福利、就業服務等不同專業人員所組成之工作團隊，以提供統整性之特殊教育及相關服務。多重障礙兒童的多樣性與專業性使得純粹的學校教學活動難以應付所有類別的多重障礙兒童，特殊教育老師尤其在面對重度與多重障礙學生時，容易倍感無力，因為學生的身體狀況可能最需要的是醫療與復健，認知的教學活動通常並非是多重障礙學生最迫切需要的項目，此時專業團隊的介入就有其必要性。臺灣的醫療專業人員主要是在醫療體系，教育體系除了特殊學校與私立機構設有專業醫療人員的編制外，一般的普通學校並無此編制，因此也就要透過教育局的統籌成立專業團隊巡迴到校服務或由學生到醫院進行治療，究竟這種方式運作之下的情形如何？何種方式的運作較為理想？專業團隊應該包括哪些成員？專業團隊有何問題存在？其解決問題之方法何在？這些即是本章探討之內容。

·•第一節•· 專業團隊相關法令

多障學生的個別差異大，障礙程度與類別不一，複雜性高，單一專業的特殊教育難以獨力處理這種複雜的情形，因此需結合相關專業人員組成團隊共同工作，為重度與多重障礙學生提供完整而全面性的評估與診斷，以設計適當的教育計畫

和提供完整的綜合性服務。而一份能有效執行的個別化教育計畫也唯有透過動態的、協調合作的團隊成員共同分享一個共同的焦點與目的，並將多元化的技能與知識統合起來（Reiter, 1999）。著眼於此，我國也透過立法——「特殊教育法」來確立專業團隊的地位，特殊教育法對專業團隊的法定地位規定如下：

　　第十七條：特殊教育學校（班）……應依實際需要置特殊教育教師、相關專業人員及助理人員。
　　第二十二條：身心障礙教育之診斷教學工作，應以專業團隊合作進行為原則，集合醫療、社會福利、就業服務等專業共同提供課業學習、生活、就業轉銜等協助，身心障礙團隊設置與實施辦法由中央主管教育行政機關訂之。

　　針對上述特殊教育法對專業團隊法令地位的確定，有關單位更進一步設置「身心障礙教育專業團隊設置與實施辦法」，來說明專業團隊應包括的成員、服務內容、運作程序等內容。
　　雖然法有明文規定特殊學生的診斷教學工作應該以專業團隊方式進行，但礙於經費、學校編制及專業團隊成員不易聘請的情況下，專業團隊在臺灣的實施情形也有其特殊的面貌，第二節將詳細說明目前臺灣專業團隊運作常見之模式。

◆第二節◆ 臺灣專業團隊常用模式

專業團隊有多種形式，大致可分為三種，包括多專業團隊模式（Multidisciplinary model）、專業間團隊整合模式（Interdisciplinary model）與跨專業團隊模式（Transdisciplinary model）（孟令夫，2000）。在臺灣比較常見的運作模式有多專業團隊整合模式與跨專業間團隊整合模式兩種，茲針對此兩模式特點與運作方式分別敘述如下：

一、多專業團隊模式

此模式是讓相關專業人員各自針對兒童進行評量，再根據各自評量結果進行治療，專業間缺乏溝通，雖然能節省時間，但也容易造成治療內容的重複與衝突（蕭夙娟、王天苗，1998）。但國內各縣市因為限於經費與人力因素，大多以這種方式運作，圖3-1即為多專業團隊模式的構成與運作情形。

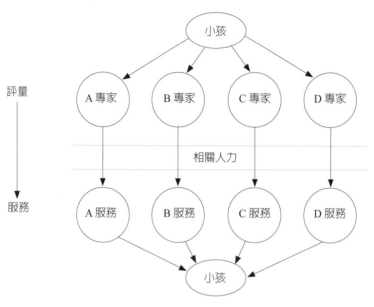

◎圖3-1　多專業團隊模式

▸資料來源：Orelove & Sobsey (1991: 9)

二、跨專業間團隊模式

　　此模式是由專業團隊中最適合的一位成員擔任主要提供服務者，並以個案心進行診療，考慮到個案的生活環境，專業人員必須釋放直接治療的角色予其他治療角色，專業成員共同觀察、評量個案，達到充分溝通的目的（周天賜，1994；趙可屏，1997；蕭夙娟、王天苗，1998；Beninghof & Singer, 1992；Gallivan-Fenion, 1994）。促進專業團隊整合的要素包括

充分行政支援、良好專業人員素質、凝聚團隊共識、分享團隊目標與良好溝通模式（孟令夫，2000）。圖 3-2 即為跨專業團隊模式的構成與運作情形。

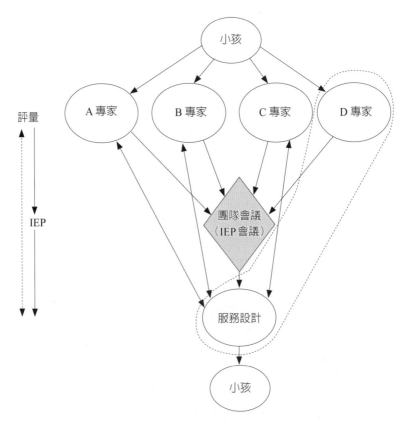

◎圖 3-2 跨專業團隊模式

▸資料來源：Orelove & Sobsey (1991: 11)

◆第三節◆　專業團隊運作

　　多重障礙孩子的需求包括教育需求、醫療需求、心理需求、社會工作需求等，所以其需要的服務亦是來自不同領域，這些不同領域專家以多重障礙孩子為核心共同工作，使專業團隊的運作能發揮功能。以下針對專業團隊所包括成員、實施場所、實施方式、服務內容與問題，探討在臺灣特殊教育醫療專業團隊的運作方式：

一、包括成員

　　根據「身心障礙教育專業團隊設置與實施辦法」（1988）規定，專業團隊由特殊教育教師、普通教育教師、特殊教育相關專業人員及教育行政人員等共同參與為原則，並得依學生之需要彈性調整之。而實際運作時，醫療專業團隊較常見的主要成員包括物理治療師、職能治療師、語言治療師、社會工作人員、臨床心理人員，有時可能會視需要再加上醫師或聽力檢查師等，有需要時會以特殊教育老師或教育行政人員為主要協調與溝通者。Cloninger（2004）則認為專業團隊的成員包括學生、家長或監護人、特教老師、普通班老師、助理老師、物理治療師、職能治療師、語言治療師、輔具科技專家、心理學家、社會工作者、行政人員、聽力師、學校護士、營養師、醫師等。有必要時，其他相關的人員亦應該視需要來提供協助。很多的狀況下是限於教育局的經費，很可能專業團隊只有一類

或兩類的治療師。楊俊威與羅湘敏（2003）指出，臺灣目前多數特殊學校所提供的服務內容為職能治療、物理治療與心理諮商，因此職能治療師、物理治療師與心理諮商師成為專業團隊的主要成員。

　　針對重度與多重障礙學生，專業團隊的治療師是主要成員，而針對情緒障礙的學生，社工師與心理師的需求就更為凸顯，因此專業團隊的成員可能會隨著所服務學生的主要障礙類別，與縣市教育局所能提供的經費狀況而更動。李翠玲、鐘梅菁、邱奕君與邱上純（2008）則以特殊教育學者、治療師、特教組長、學前特教師組成支援團隊，入班協助學前融合班實施IEP之過程，並針對實施的困難提出解決策略。

　　特教教師在學校團隊合作中的角色隨著特殊教育理念的推展，趨於多元及專業化，不再局限於傳統教學的角色，特教教師同時要扮演傳遞資訊、解決問題的諮詢者角色。未來，特教教師在學校團隊合作中將可能扮演教學諮詢者、個案管理者或團隊促進者的角色及責任，都是學校在專業團隊合作時能否提供學生全人服務時，極重要的關鍵（李重毅，2003）。

二、實施場所

　　專業團隊所服務的對象大多為重度障礙與多重障礙的學生，因此除了到校服務外，也需要到宅為那些在家教育的學生服務。多障學生也可透過醫院部門進行復健，這是專業團隊中的治療師的主要實施治療場所，此時可以採用健保方式來支付

治療費，然而大多數的家長還是比較喜歡治療師能用到校服務或到宅服務的方式，可免去舟車勞頓。

三、實施方式

　　專業團隊實施方式分為直接服務與間接服務，直接服務是治療師直接進入教室配合教師的教學來設計復健計畫與訓練，間接方式是將學生帶離教室至其他場所進行治療。整體而言，現階段專業團隊服務方式大多以抽離學生為主，通常是利用該校的知覺動作教室（或稱感覺動作教室）來進行治療訓練，目前臺灣大多數的縣市是採用抽離學生方式進行治療，但有越來越多的呼籲是期望能以直接服務方式進行，以利融合教育的實施。

四、服務內容

　　通常我國特殊教育專業團隊人員的服務角色與任務有以下幾項：

1. 參與每位個案的個別化教育計畫會議，提供個別化教育計畫中優先介入的參考與意見。
2. 在個案的訓練計畫中，盡其所能從各個角度協助解決遭遇的問題。
3. 將專業的知識與技巧深入淺出地傳達給個案計畫的執行者，使其明白個案的潛能所在。

4. 在團隊中做該領域相關問題的諮商者與後盾。

5. 持續在實務經驗中成長與學習，以支持身心障礙兒童的整體生活訓練計畫。

五、問題檢討

醫療專業與特殊教育對一個多重障礙學生而言是同樣重要的，但通常因為治療師與特殊教育系統分屬不同體系，一在醫療體系，一在教育體系，彼此在合作時仍有諸多條件的限制，但所處理的個案是相同的，因此可能產生一些問題與困難，茲歸納如下（李翠玲，2003）：

1. 專業團隊之定位

專業團隊的成員主要是以醫療體系的治療師為主，醫療體系的專業在臺灣的社會常有其專業的地位，但治療師可能僅有一星期到校服務學生，學生大部分的時間是與學校教師及他們的父母在一起，因此若不借助教師與父母的協助，無法有效達到治療的效果，因此治療師的「角色釋放」就有其必要性，也就是說尋找適當的角色承接者，以及專業能量的傳授與專業間的溝通是重要的（沈朝銘，2004）。但角色釋放又涉及醫療，有其一定之專業性與不可侵犯性，並非教育體系所能替代，角色釋放也可能被質疑涉及醫療專業的侵權，觸犯法令，因此這仍是相當敏感的問題。

2. 與教師、家長配合

專業團隊到校服務時，如果將學生抽離，帶到感覺統合教

室進行治療，此時教師不見得有空在旁邊觀摩或協助，但治療師往往是一個星期到校服務一次，在治療與訓練無法與教師平日教學活動配合的狀況下，再加上如果家長的配合度又不佳的時候，學生的治療效果就不易彰顯，影響治療成效。顏秀雯、王天苗（2002）以國小爲例，探究以教師擔任個案管理員的專業團隊的運作，結果發現由老師將治療師提供的策略融入教學而治療師入班協助的合作方式，藉由老師平日教學執行治療策略，較易達到治療的成效。但因爲團隊治療師各有其本職工作，團隊聘任之治療師，其提供服務時間不見得能完全配合老師或家長的時間，因此雖然顏秀雯、王天苗（2002）的研究指出治療與教學的配合對學生治療的效果最好，但現實面仍有實施的困難。

3. 相關專業人員人力不足

　　專業團隊成員可能因爲各縣市的資源不一，造成有些縣市的專業團隊人力不足，例如語言治療師在各縣市的專業團隊中通常需求甚高，但有些縣市醫院卻沒有這一類的治療師可供聘請，這是目前推動專業團隊服務最困擾的問題。目前專業團隊的人力主要在醫院，普通學校並無編制，因此必須向醫院尋求支援；如果剛好醫院沒有這方面的人力資源，專業團隊的成員就無法提供完整的服務，也就難以發揮專業團隊的功能。

4. 專業整合不易

　　理論上來說，跨專業團隊合作（transdisciplinary model）的方式是效果最好的，透過專業團隊合作方式，專業團隊依據學

生個別狀況，擬定出個別化教育計畫，再依據個別化教育計畫提供整合過的服務，這種量身訂作的專業團隊服務，是提升身心障礙學生受教品質的重要關鍵。

然而我國的醫療體系與教育體系各成一個系統，卻使得兩者交集困難，因此我國的模式比較像是多專業團隊的模式（multidisciplinary model），團隊成員限於時間或其他因素，整合不易。如何整合，這也是目前臺灣的特殊教育專業團隊面臨的一個重要課題。羅鈞令、楊國德（1999）曾提出，建議臺北市學校體系職能治療服務模式提供有關直接治療、定期監督與諮詢等服務，這些建議都是希望能找出整合醫療與教育的方法。

‧‧第四節‧‧　專業團隊在校實務

針對專業團隊診療的過程，下面幾個例子是透過專業團隊成員參與個別化教育計畫與服務或會診個案等例子，以說明在學校實施時朝向融合教育的途徑。

一、直接服務式 IEP

如前所述，直接治療（服務）是專業團隊進行療育時較為理想的方式，因此專業團隊可於個別化教育計畫會議時，與學校人員共商如何配合學校作息，將治療融入，以使融合教育落實，李翠玲（2007）曾以一例說明：小明是腦性麻痺的小學三

年級啓智班學生，他有語言發展遲滯、口腔功能不良、常流口水、走路呈剪刀型、容易跌倒等現象，透過專業診療與 IEP 會議，IEP 團隊認爲他必須接受語言、物理與職能治療的服務，其 IEP 中相關專業服務內容的規劃可如表 3-1。

◎表 3-1　小明 IEP 中之相關專業服務

相關專業	服務內容（質化／同儕評量基礎）	頻率	期限／時間民 94.9～民 95.1	地點	負責人
語言治療	口腔按摩：按摩臉部、牙齦	每天 1 次，每次 5 分鐘	每天的午餐時間用餐前	餐廳	○○醫院語言治療師林○○、林老師
物理治療	擺位：從教室／餐廳走到餐廳／教室	每天 1 次，每次 20 分鐘	每天午餐前／後	教室、走廊、餐廳	○○醫院物理治療師李○○、林老師
職能治療	抓握訓練：利用湯匙輔具指導舀起碗中的飯	每天 1 次，每次 30 分鐘	每天的午餐時	餐廳	○○醫院職能治療師郭○○、林老師

▸資料來源：李翠玲（2007：101）

二、直接與間接混合服務式 IEP

　　Cloninger（2004）透過專業團隊成員的直接與間接混合服務方式，處理一位 11 歲，五年級的多障學生（Zach）之過程。Zach 喜歡音樂、書與課外活動，目前尚未有正式的溝通系統發展出來；他有肢體障礙，現在正準備學習如何使用輪椅，也正在學習溝通輔助科技，這種情形下，專業團隊爲他設計的偏向

混合式服務的 IEP 如表 3-2。

◇表 3-2　Zach 的專業團隊式 IEP

目標或一般支持	所需支持〔服務類型：間接（I）／直接（D）〕	服務地點
能使用「注視」做出選擇	SE(D/I)、GE(D)、PE(D)、SLP(I/D)、OT(I)	5 年級教室
用「注視」、「頭部動作」回答「是／否」問題	SE(D)、GE(D)、PE(D)、SLP(I/D)、OT(I)	5 年級教室
用「圖片溝通系統」與「注視」來進行食物、人物、地點、活動之需求	SE(D)、GE(D)、PE(D)、SLP(I/D)、OT(I)	5 年級教室、餐廳
與班上同儕一起工作	GE(D)、PE(D/I)、PT(D/I)、P(D)	5 年級教室、校園內
使用特殊開關來進行休閒活動（如玩具、CD 機、翻書、電腦、用具）	SE(D/I)、GE(D)、PE(D/I)、P(D)	5 年級教室、圖書館、電腦教室
個人支持：給食物與飲料、穿著、個人衛生等需求	SE(D/I)、PE(D)、OT(I/D)	餐廳、浴室
身體支持：課間擺位、無障礙環境、設備管理、從一地移動到另一地等需求	SE(D/I)、GE(D)、PE(D)、PT(I)、P(D)	5 年級教室
教導他人：學校與職員需要學習擴大與替代溝通系統、其他溝通行為與如何與 Zach 溝通	DE(D)、GE(D)、PE(D)、SLP(I/D)	校園內
提供機會促進在普通班的融合	SE(D/I)、GE(D/I)、PE(D)、SLP(I/D)	5 年級教室、校園內

備註：SE = special educator 特教老師；PE = paraeducator 助理老師；SLP = speech-language pathologist 語言病理師；OT = occupational therapist 職能治療師；PT = physical therapist 物理治療師；GE = general educator 普通班老師；P = peers 同儕

▸資料來源：Cloninger (2004: 25-26)

三、個案專業診療

　　多重障礙學生李生的診療流程，首先根據老師與家長所提供的個案背景書面資料，再由專業團隊成員，包括物理治療師、心理師、輔具專家、特殊教育老師針對李生的狀況共同會診，並提出專業的評量與治療建議，其過程如下：

　1. 個案背景與起點能力資料

　　李生 4 歲，重度肢障。目前就讀於○○小學學前特教班。其主要問題有：癲癇、智能障礙、行動困難、無法表達。曾經用藥控制癲癇，並做過復健、針灸、氣功等治療。生活自理能力未發展：吃飯、吞嚥口水、上廁所、穿脫衣服能力都沒有。動作能力方面：下肢能力不好、平衡感差，上肢操作能力也不好。知覺方面：聽知覺反應慢、視動能力及分辨能力差，反應較遲鈍。視力、聽力沒問題。理解方面：對自己的名字、生活事物無法分辨理解。社會情緒能力不錯，平穩，有簡單互動。學習態度：注意力短、易分心。認知方面：指認圖卡、物體恆常觀念還未發展。一直都有做復健，喜歡奶嘴，充氣、擠壓有聲音，但不會太吵的玩具。可自己抓握。體力較弱，可能因為癲癇影響。父母期望癲癇能好起來，能溝通，能行走。

　2. 會診

　　由家長與老師將李生帶來，由專業團隊成員共同會診，專業團隊成員包括物理治療師、心理治療師、特教老師與輔具專家，其會診結果與建議如下：

❖物理治療師評估

⑴一個孩子如果有頭後仰的動作，父母通常第一個反應是去扶助他，但如果小孩被父母扶助了，他就無法體會此感覺，就不會知道這是不好的動作，所以我們要讓孩子體驗這些感覺，只要做好保護措施，孩子往後倒時，他會有不舒服感，他會想自己使力回來，此即爲肌力的訓練。

⑵肌肉張力低的小孩所需要的感統治療，以屈張能力的訓練爲第一目標。此外，上半身、腰力、大腿力量亦爲訓練目標，因爲這是走路的前備技能。可多讓孩子蹲，此一動作可訓練上、下半身平衡的挑戰。

⑶可在他面前用一個玩具吸引他，扶住他的膝蓋，不要碰他的身體，讓他自己維持。通常我們會讓他產生動機，當他開始注意刺激時，讓他注意有跟沒有，我們再帶他碰開關、聽聲音，重複幾次，讓他知道因果循環之後，他就會自己去碰，瞭解關係。

⑷李生的椅子應有桌板配合使用，放玩具或食物，可幫助上半身挺直。

⑸一份評估，並非只有單次即可。我認爲李生並非痙攣型腦性麻痺，我認爲他應該是低張的孩子，他的手腳都有一些張力，所以應該是智能障礙或是癲癇，造成他不會去使用他的身體，因此，如果經過訓練，他應該可以自己坐。他今天坐的椅子有一點傾斜角度，比較省力，

李生由於軀幹力量不夠，直坐困難，有點傾斜的椅子可以幫助他坐好，大肢體控制好了以後才能使用末端，如此學習也會比較好。另外，此椅子要可調整，方便小孩長高後調整，還有頭靠、肩帶也可調整，肩帶位置應配合其肩高，頭靠則是由於頭與身體有落差，有頭靠會更有支撐力。還有骨盆帶，高張型小孩，只用腰帶會滑下來，用骨盆帶即可固定下半身，其由45°角伸出來，把小孩往前傾一點，看屁股有無貼緊，再固定骨盆帶、腰、肩帶，如果小孩會往後蹬，其椅墊與椅背要小於90°才不會滑下來。李生的腳踏板還可以往上升一點，分腿墊也不需要，因為他坐著時腳會開開的，但有可能導致髖關節變形，因此可用帶子，將兩條腿固定起來。站立架則是適合仰臥的，直立式則適合上半身能力好的，俯站的是希望他往前用力時才需要。

❖輔具專家評估

⑴老師做復健時，可以在前面放玩具，一面吸引他的注意力，一面做肢體復健、認真學習。另外，也可使用楔型墊，老師才不會太費力。此外，前面可放不同質感的墊子，做觸覺刺激，一面讓他去碰不同質料的墊子，一面聽不同的聲音，還可放會轉動的玩具，去碰它，它就會轉，使小孩可以追視，做視覺、觸覺的結合。

⑵李生喜歡充氣玩具，就要買一壓就會有聲音的才好。李生主要訓練內容為：周圍環境的控制。即父母可在其周

遭放玩具，他的頭頂上方，要放可以摸、會旋轉的，透過觸覺刺激，可以知道各種不同的材質，建立各種不同的關係。老師和家長陪他的時間有限，所以周遭環境要能幫助他學習。

(3)溝通：李生發出的音有分化，我們可以再作加強，如：可以拿錯東西給他，使他與人溝通。

(4)可在李生前吊一個拉環開關，放音樂或玩具，使其與社會互動，如果他喜歡食物，我們就可設計一些開關，按哪個就有哪種需求，來幫助溝通。

❖心理師評估

(1)李生沒有坐在椅子上時，會不停的亂動，通常癲癇小孩容易如此。他們的動作控制能力不好，肌力又弱，因此建議做復健時可放在墊子上坐。做認知學習時，則在椅子上坐。李生的選擇性很明顯，不想看的就不看，看到有興趣的，例如食物，他才會看。因此，在他肚子餓時，可拿食物給他追尋，每餐訓練，增進他與外界溝通能力。他可以抓握，卻沒有伸手的動作，因此，我們要給他東西時，不要完全給他，先由指尖碰觸他，使其有動力，就會較敏感、主動。

(2)光可以吸引他的注意力，夜晚時，可以拿小手電筒、色彩鮮豔或分明的東西、旋轉物等讓他追尋，只要他拿一個，我們就多了一個可以跟他溝通的東西。另外，音樂不要一直放，用節奏感強的，停－放－停去訓練其注意

力。認知訓練則要看他的反應，有反應就有互動，可作
為學習的基礎。

(3)李生的注意力和興趣度很窄，對外在環境不是很有興
趣，拓展他的生活經驗非常重要，即使只是靜態與動態
環境的不同，也能幫助學習。

(4)他現在最好的是動作方面的能力，如果越來越好，可能
會面對行為問題，現在應找到他喜歡的活動，提早作準
備，使其能發展。

❖**特教老師建議**

老師及家長可以列出各種刺激，要製造各種時機給予刺
激，但不要一直給，等他有反應再給，否則會失去學習
意義。視覺刺激則要用色彩鮮豔一點的，看哪些他會特
別有興趣。

❖**家長問**

因為小孩有癲癇，若刺激太大，會不會影響他而發作？

❖**特教老師答**

由於其注意力及張力低，所以刺激源應提供多一點，不
過不能太過量，太快速。家長可記錄活動，並與醫生會
診，看會不會引起他發作，之後再多提供其溝通能力、
前庭覺及增加張力。

··◆總　結◆··

　　特殊教育專業團隊在臺灣的發展已經略具規模，臺灣各縣市教育局在經費許可的狀況下，都會儘量組成特殊教育專業團隊來服務特殊學生，尤其針對重度與多重障礙的學生提供服務，服務的次數可能會隨著經費的多寡而變動，有些學生即便無法透過教育局組成的專業團隊享受服務，有需求的學生仍然可到醫院進行訓練與治療，這樣的運作模式較接近「多專業團隊」的模式。但就以最理想的模式——「跨專業團隊」模式的理想而言，臺灣的特殊教育專業團隊仍有一段路要走，這是特殊教育界與醫學界應該共同努力的目標。

··◆參考文獻◆··

✦李重毅（2003）。由團隊合作理念談特殊教育教師角色。**特教園丁季刊，19**(2)，7-59。

✦李翠玲（2003）。特殊教育專業團隊在臺灣。**竹師特教簡訊，39**，1-4。

✦李翠玲（2007）。**個別化教育計畫（IEP）**。臺北市：心理。

✦沈朝銘（2004）。臺南縣在家教育與特殊教育專業團隊之合作模式。***Taiwan PT News, 46.***

✦周天賜（1994）。特殊教育相關服務的問題與趨勢。**特殊教育季刊，53**，1-7。

+ 孟令夫（2000）。相關專業團隊服務。載於林寶貴（主編）
　特殊教育理論與實務，（頁559-592）。臺北市：心理。

+ 教育部（1988）。**身心障礙教育專業團隊設置與實施辦法**。

+ 楊俊威、羅湘敏（2003）。特殊學校專業團隊服務之調查研
　究。**東臺灣特殊教育學報**，**5**，73-96。

+ 趙可屏（1997）。**臺灣地區國民教育階段在家教育學童專業
　整合介入計畫研究報告**。臺北縣：臺北縣教育局。

+ 蕭夙娟、王天苗（1998）。國中小啟智班實施專業整合之意
　見調查研究。**特殊教育研究學刊**，**16**，131-150。

+ 顏秀雯、王天苗（2002）。以教師為個案管理員的專業團隊
　運作。**特殊教育研究學刊**，**23**，25-49。

+ 羅鈞令、楊國德（1999）。臺北市學校體系職能治療服務模
　式之發展。**職能治療學會雜誌**，**17**，67-80。

+ Beninghof, A. M., & & Singer, A. L. (1992). Transdisciplinary
　teaming: An inservice training activity. ***Teaching Exceptional
　Children, 24***(2), 58-60.

+ Cloninger, C. J. (2004). Designing collaborative educational
　servies. In D. L. Ryndak & S. Alper (Eds.). ***Curriculum and
　instruction for students with significant disabilities in inclusive
　setting*** (pp. 217-238). Boston: Allyn & Bacon.

+ Gallivan-Fenion, A. (1994). Integrated transdisciplinary team.
　Teaching Exceptional Children, 26(3), 16-20.

+ Orelove, F. P. & Sobsey, D. (1991). ***Educating Children with***

Multiple Disabilities: A Collaborative Approach (2nd ed.). Baltimore: Paul H. Brookes.

✚Orelove, F. P. , Sobsey, D. , & Silberman, R. K. (2004). *Educating Children with Multiple Disabilities: A Collaborative Approach* (4th ed.). Baltimore: Paul H. Brookes.

✚Reiter, T. (1999). *Society and disability: An international perspective on social policy*. Haifa, Israel: AHVA Publishers & The Institute on Disabilities, Temple University.

第四章

多障學生評量

重度與多重障礙者之教育是一份具備高度挑戰的工作，為了獲得有效的教學效果，必須先評量這類孩子的能力，以規劃教學，然而多重障礙孩子普遍有認知能力低下的問題，如以常用的常模參照測驗來找出其能力起點，通常是「無法施測」，也就是說如果評量的焦點是鎖定在學生的缺陷上面，則難以找出學習的動機與教學的動力，因此效標參照測驗是一個可行的瞭解重度與多重障礙學生的方式，Brown 與 Snell（1993）指出，當考慮要為重度與多重障礙學生提供教學的優先順序時，生態評量、發展量表與適應行為量表是可以用來讓老師考慮的評量方式，本章即針對此三種評量方法提出相關理念與應用方法。

·◆·第一節·◆· 生態評量

生態評量（ecological inventory）是事先肯定學生都有能力且可能參與他（她）周遭環境活動，對重度與多重障礙兒童之教學尤具意義，莊妙芬（2000）、Durand（2001）以及 Reichle、York 與 Sigafoos（1991）認為，針對重度智能障礙兒童的環境分析，施以生態評量和行為功能分析，找出異常溝通功能，並設計教學，將有助其溝通能力養成與減少異常溝通行為出現的頻率，是值得從事重度與多重障礙教育者之參考與應用的一種評量方式。以下即從生態評量定義與特徵出發，再論及其實施步驟，最後再討論其在特殊教育教學實務之應用。

一、定義與特徵

　　生態評量是一種透過觀察與評量，針對學生在其所屬的家庭、學校及社區等環境中所展現出的各種能力進行分析，以利教學目標及內容設計的過程（陳靜江，1997）。其目的在於提供可能的教學目標或教學方面外，更講求如何透過評量去發掘更多的環境，以方便學生做更積極、有意義的參與，通常老師可以利用生態評量的結果去設計功能性的教學內容，以促進學生有效地與環境互動（李翠玲，2008）。

　　生態評量的特徵包括：⑴以生態觀點看待學生的學習；⑵重視整體生態的互動關係；⑶環境調整的觀點；⑷再教育的觀點；⑸功能性的教學內容；⑹替代性教學方案；⑺實際情境的評量；⑻著重於現在與未來的生態環境之評量；⑼持續性的評量；⑽不涉及分類或標記（胡永崇，2004）。從這些特徵可以看出生態評量是著眼於發現學生在其生活環境的「功能性」程度，以便編制出功能性課程。它考慮重度障礙者的學習特徵，強調教導在其生態環境中符合功能性、實際年齡之功能，可避免類化的問題，並且得到與正常人互動的機會（鈕文英，2000）。

二、步驟

　　Kirk、Gallagher 與 Anastasiow（2000）將生態評量的步驟分為領域、主要環境、次要環境、活動與技能等五階段，由大

而小漸次分析，領域共分為家居技能、職業技能、休閒技能與社區生活技能，主要環境則分為家庭、學校、社區等三部分，如個案為上班者，則學校環境改為職場的環境，也就是說生態評量時除考慮現階段的生態外，也要考慮下一階段生態。圖4-1是小學階段以社區為主的生態評量分析圖例。

生態評量這種強調以功能性技能為主的理由是因為：(1)代表生活的領域；(2)導引出實用技能的選擇；(3)強調自我效能的功能性目標（Brown & Snell, 1993）。但對嬰幼兒而言，這些領域的內容可能太遙遠，此時就應以孩子為下一階段環境中應習得的技能為領域範圍為考量才對，例如習得社會適應與融合的技能，以利孩子在未來幼稚園的融合（Vincent, Salisbury, Walter, Brown, Gruenewald, & Powers, 1980）。

Snell 與 Grigg（1987）把生態評量的實施步驟加以延伸，除了以上五個階段外，並加上分析活動所需要的成分與技能，以及進行差異分析等兩項。在過程中，為有效執行生態評量的過程，其所使用策略包括工作分析、增強系統、提示方式與善用團體、分組及一對一等分組教學策略。

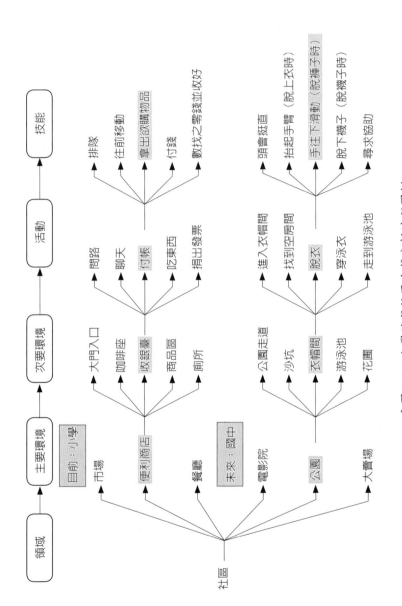

◎圖 4-1 小學階段社區生態分析流程圖例

三、選擇目標環境、技能之原則

進行生態評量時，將列為主要處理的活動，選擇時應參考下列原則，此時通常要考量「功能性」，以找出列入處理的優先順序，包括：

1. 常用性：在不同領域皆會重複出現、用到的技能。
2. 跨場合：可應用在多種場合。
3. 獨立性：可增進學生獨立生活能力。
4. 轉銜性：該活動對目前及未來環境生活與學習都有幫助。
5. 社會性：有與正常孩子互動的機會。
6. 互動性：可增進學生邁向最少限制的環境。
7. 適齡性：應符合該生目前能力與生理年齡。
8. 個別化：強調針對該學生對該活動會有反應者。
9. 安全性：符合學生安全與健康的需要。
10. 家人支持：教室以外，生活周遭的人也可以參與的活動，其中家人的參與被認為是最重要的。

表 4-1 的內容可提供量化結果，老師可就學生在生態中所需要的活動，按照表 4-1 的原則檢核其在教學的優先順序，當符合以上原則愈多者，表示分數愈高，也表示此類活動愈重要，此時就可列入當成該生或該班的主要教學內容，並當成該生的個別化教育目標來設計。

◈ 表 4-1　決定目標活動優先順序生態評量表

目標／活動 標準	活動一	活動二	活動三	活動四	活動五	活動六	活動七	活動八	活動九	活動十
能在目前環境中使用此技能										
能在未來環境中使用此技能										
能在三種或多種以上環境中使用該技能										
能提供與非障礙人士每天互動的機會										
能增進學生獨立自主的能力										
能協助學生在最少限制環境中行動的能力										
能符合學生的生理年齡										
學生能在一年內達成參與活動的可能										
能符合家長意願										
對學生有正面的影響										
能符合醫療的需求										
能促進學生的健康與適應力										
學生可具有選擇的機會										
學生表現出喜歡該活動的反應										
即使在沒有教育設施協助下，學生仍可接受訓練										
相關的服務人力支援具替代性										
交通支援佳										
經費狀況良好										
人力資源供應充分										
無障礙環境										
總　　分										

▸評分標準：3－非常同意；2－部分同意；1－部分不同意；0－非常不同意。

四、應用

　　鑑於生態評量對重度與多重障礙教育的意義，國內特教老師在規劃課程與擬定個別化教育計畫（Individualized Education Program；簡稱 IEP）時，可將生態評量的資料使用於班級經營、課程教學、擬定個別化教育計畫與個案輔導中，目前國內特殊學校或啟智班也有不少老師引用，以下即分別敘述其應用的方法：

　1. 擬定一週活動計畫表

　　生態評量的設計可使用於班級經營中作為規劃一週活動計畫表，首先針對上課日（星期一至星期五）選擇一天，週末假日選擇典型的一天，來觀察該生從早上起床到晚上睡覺之間的活動，並針對活動在主要環境、次要環境來分析該生所進行活動時所具備之技能程度為何，如果發現該生能完成該活動，則表示該生已具備其技能，就不需要當成教學的目標來設計，若該生無法完成該活動，則依據選擇目標環境、技能之原則（包括常用性、跨場合、獨立性……）來決定。表 4-2 是其中生態評量的部分時間例子。

◈表 4-2　上課日典型紀錄表（部分時間）

主要環境	次要環境	活動	大約時間	學生在活動中的表現 （ⅴ完全會；△需要協助；×完全不會）	教學優先順序 （1、2、3）
家庭	浴室 臥室	起床 梳理 穿戴 衣物	06：30	（ⅴ）1.會自己起床。 （△）2.會自動整理衣物、棉被。 （ⅴ）3.會自動刷牙、洗臉等梳洗工作。 （△）4.會自己穿戴衣物。	2 1
家庭	餐廳	早餐	06：50	（ⅴ）1.會自行用餐。	
	校車	上學	07：10	（△）1.會自行到上車地點。 （×）2.會認識數字 0～9，能辨識校車編號。	1 2

▸資料來源：李翠玲（2007：135）

2. 擬定教學活動與IEP

　　近年來有越來越多的學者與特教實務工作者使用生態評量來擬定教學活動與設計個別化教育計畫（IEP），將生態評量當成擬定 IEP 的重要線索，IEP 團隊透過生態評量過程找出學生生態中所進行的重要活動，再配合相關服務及配備之輔具，設計教學活動，進行教學以達成 IEP 目標。郭色嬌與徐淑芬（1998）透過調查啓智班學生的家庭活動、學校活動與社區活動，以作爲瞭解學生在 IEP 起點能力與擬定 IEP 目標，並作爲教學建議表。目前臺北市資源班的 IEP 表格即採用郭色嬌與徐淑芬（1998）以生態評量爲基礎的設計（見 http://teachers.daleweb.org/ftp/ftp.htm）。此外，生態評量也可根據其結果繪製學生的生態圖，置於學生 IEP 檔案中，可收一目了然的功效，

以幫助老師擬定功能性課程，例如圖4-2。

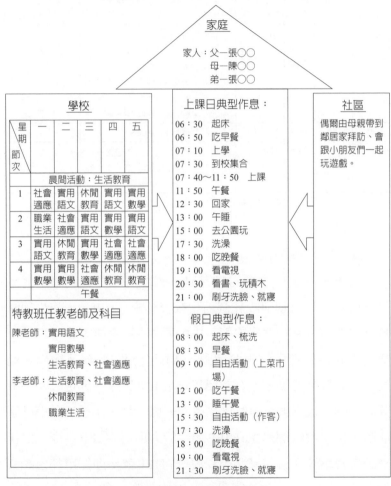

◎圖4-2　生態圖示例

▶資料來源：李翠玲（2007：141）

3. 行為輔導計畫

胡永崇（2004）認為生態評量的理念與作法可因教育對象
不同或教育情境不同，生態評量的實際內容也可能略有不同，
以問題輔導為例，假如學生的行為問題是與生態因素有關，則
要先作生態評量及生態調整。例如「偷竊」的問題行為，則要
進行生態分析，分析時針對學生行為問題發生的時間、地點與
情境，找出其相關因素，據以提出建議與輔導。

五、生態評量之限制

生態評量固然有其使用上的優點，但相關配合條件仍要十
分充分，否則不易執行，其限制包括：

1. 教師需要花費較多的時間評估環境，制定教學目標。

2. 常需戶外教學，需行政及社區資源。

3. 教師要有創造力。

4. 需用較多的輔具。

5. 因為主要透過觀察來獲得，易流於主觀，易產生信效度問
   題。

以上就生態評量的定義、特徵與應用，在重度與多重障礙
者之班級經營、教學、IEP與個案輔導方面提出說明，希望能
有助老師進行重度與多重障礙者之教育。但在使用生態評量時
仍須謹慎實施，必要瞭解相關環境因素支援情形，才能使這種
評量方式真正造福重度與多重障礙的孩子。

·◆·第二節·◆· 發展量表

　　發展量表是根據孩子的發展年齡所展現在身體動作、溝通、認知、行為等表現所制定出來的評量表，教師可以把孩子的能力對照量表上的常模年齡，即可把孩子能力所屬的年齡層找出來，以此作為起點行為的教學設計，相關的工具包括《學前嬰幼兒發展量表》、《學前發展課程評量》及 Portage 等皆屬於此類之設計。表 4-3 是根據一般兒童在不同發展階段，其自我控制發展、社交發展、學業發展與情緒發展等能力發展的特徵，老師可以將重度與多重障礙的表現對照一般兒童的表現，即可評量出孩子的能力年齡層。

　　發展量表的優點有：⑴可提供側面圖，幫助教學者瞭解孩童在各項領域的發展情形；⑵可將複雜行為分析為簡單步驟，幫助教學者定出短程的教學目標；⑶可協助找出多重障礙學生在發展上與一般孩童的差異狀況，提供教學者關於孩童的學習潛能。不過就多重障礙學生而言，其亦有如下缺點：⑴多重障礙學生可能無法發展或習得正常順序的技能，其可能因本身的障礙而無法按發展階段達成既定的行為目標；⑵發展評量表上的項目多是特定的一般行為，而這些所測的發展成長技能，不見得都是多障者參與家庭、學校、社區等所必須具備的項目；⑶多重障礙學生所需要學習與發展的技能多為橫跨發展量表不同領域的技能，因此發展評量單一領域的分化行為目標，對多障孩童而言，其較缺乏統整性與生活實用性（林千惠譯，1992）。

◎表4-3 一般兒童發展表

年齡	自我控制發展	社交發展	學業發展	情緒發展
嬰兒期 (0〜1歲)	以照顧者作為安全的基礎進而探索環境	依附主要照顧者；呈現社交微笑或哭泣	以照顧者作為安全的基礎進而探索環境	呈現基本情緒
學步期 (1〜3歲)	對來自大人的外在控制有反應；順從大人的要求	與照顧者分離，而與別人互動；以平行的方式跟別人遊戲	對世界充滿好奇	呈現較多複雜的情緒；透過行為和遊戲表達情緒
學齡前期 (3〜6歲)	遵守規定：一邊遊戲一邊大聲說出來，或以此作為控制自己行為的一種方法	用互動的方式跟別人遊戲；跟別人合作；跟別人分享；幫助別人；跟別人競爭	調適自己以便能離開父母；發展對學習感到興奮的態度	用言語表達情緒；同情別人
小學時期 (6〜12歲)	運用思考來指引自己的行為；培養簡單的問題解決技巧；管理衝動；培養對自己行為的覺察能力	瞭解別人的觀點；順從同儕團體的常規和標準；解決社交問題；公平地遊戲；結交的多是同性朋友	專心並且持續進行工作；將學校教的教材和課業加以組織化；開始培養特殊技能和興趣	克服害怕；調整強烈情緒，例如：生氣、挫折、焦慮、悲傷
青少年期 (12〜20歲)	培養較複雜的問題解決技巧，並且對自己行為有更多的覺察能力	主要以成群結黨的方式互動；結交同性和異性朋友；逐漸脫離家庭	強化特殊能力和興趣；投入生涯規劃的準備工作	了解想法、行為和情緒三者之間的關係；對自己和世界有正確且理想的想法

▸▸資料來源：陳信昭、陳碧玲譯（1999）

·◆第三節◆· 適應行為評量

　　適應行為量表屬於效標參照行為量表的一種，效標參照行為量表的功用，一方面以自己跟自己比，一方面也較能提供行為問題的指標及解決行為適應問題的提示，對重度及多障兒童能力的評估之意義存在，頗值得啟智班教師使用。目前國內較常使用的是《適應行為量表（Adaptive Behavior Scale；簡稱ABS）》，另《生活適應能力檢核手冊》，這些能夠提供孩子生活適應能力的評估參考。

　　適應行為評量的內容是有關生活上之：生活自理能力、居家及社區生活技能、職業技能、功能性學科情形、社交及溝通技能等等。該評量的主要目的係協助教學者選擇學生尚未建立的各項行為來進行教學。不過就多重障礙學生而言，此法之缺點為：(1)其行為目標的建立較無順序性，因此其評量的結果可能只顯示多障孩童有一些技能的學習尚待加強，但卻無法顯示哪些技能項目是迫切需要的，需要仰賴教師來統合相關的教學目標，再進行教學；(2)其評量的項目較為籠統，並非所有項目皆是多障孩童所需，因此其項目不能十分準確地反應出真實多障孩童生活所需的技能（林千惠譯，1992）。

　　比較而言，與前述之發展評量相比，適應行為評量項目較具有實用性亦兼顧學生之年齡適宜程度，因此較能提供有利教學的資訊；教師可透過評量的結果，選擇學生尚未建立的各項行為進行教學。但其評量項目較為籠統，須仰賴教師統合相關

的教學目標來進行教學。

　　除以上針對重度與多重障礙學生常用到的評量方式外，也有一些專家推薦其他的評量方式，例如分析行為或能力的相關變項，包括前因（antecedent，簡稱 A），行為（Behavior，簡稱 B），與後果（Consequences，簡稱 C）之功能性評量，這種方式則是對瞭解學生的問題行為之起點能力有相當的效果存在，另觀察學生所記錄之資料亦能提供質性評量的效果，因此老師在選擇適合的評量方式時，應根據學生的需求來選擇，才能獲得有效的評量資料，供作為教學與擬定 IEP 的依據。

◆◆總　結◆◆

　　具體而言，生態評量、發展量表與適應行為量表是針對重障及多障兒童的三種主要評量方式，其資料可作為執行初步評估、復健及教學設計之用，有助瞭解中重度智障學生之起點能力，以作為編擬後續 IEP 目標與教學之依據。

◆◆參考文獻◆◆

✢李翠玲（2007）。**個別化教育計畫理念與實施**。臺北市：心理。

✢李翠玲（2008）。生態評量在多重障礙兒童教育之意義與應用。**雲嘉特教期刊，7**，29-35。

✦林千惠譯（1992）。L. B. Jackson, D. Dobson, & G. Wimberley 著，重度障礙者教育評量綜論（Tools for assessing successful inclusion）。載於國立彰化師範大學國際特殊兒童評量研討會論文集。

✦胡永崇（2004）。生態評量：理論及其在身心障礙學生教育之應用。屏東師範學院特殊教育論文集（二），**34**，1-31。

✦特殊教育中心主辦之「**國際特殊兒童評量研討會**」論文集，頁35-48。彰化縣。

✦莊妙芬（2000）。替代性溝通訓練對重度智能障礙兒童溝通能力與異常行為之影響，**特殊教育與復健學報，8**，1-26。

✦郭色嬌、徐淑芬（1998）。**國小中重度智障兒童功能性教學活動設計**。臺中市立師範學院特殊教育中心。

✦陳信昭、陳碧玲譯（1999）。M. L. Bloomquist著。行為障**礙症兒童的技巧訓練—父母與治療者指導手冊**。臺北市：心理。

✦陳靜江（1997）。生態評量在中重度身心障礙學生課程之發展與應用。載於彰化啟智學校編印，**特殊教育知能叢書：滾石跑道**（頁162-167）。彰化啟智學校。

✦鈕文英（2000）。**如何發展個別化教育計畫——生態課程的觀點**。國立高雄師範大學特殊教育中心特教叢書60輯。

✦Brown, M. E., & Snell, M. (1993). Meaningful assessment. In M. E. Snell (Ed.)., *Instruction of students with severe disabilities*. (4th ed.). (pp. 61-98). New York: Macmillan.

✚Durand, V. M. (2001). Future directions with mental retardation. *Behavior Therapy, 32*, 633-650.

✚Kirk, S. A., Gallagher, J. J., & Anastasiow, N. J (2000). *Educating Exceptional Children*. (9th. Ed.). Boston: Houghton Mifflin.

✚Reichle, J., York, J., & Sigafoos, J. (1991). Establishing spontaneity and generalization. In J. Reichle, J. York, & J. Sigafoo (Eds.), *Implementing augmentative and alternative communication: Strategies for learners with severe disabilities* (pp. 157-171). Baltimore, MD: Paul H. Brookes.

✚Snell, M. E. & Grigg, N. C (1987). Instructional assessment and curriculum development. In M. E. Snell (Ed.)., *Systematic instruction of persons with severe handicaps (3rd ed.*, pp. 64-109). New York: Macmillan.

✚Vincent, L. J., Salisbury, C., Walter, G., Brown, P., Gruenewald, L., & Powers, M. (1980). Program evaluation and curriculum development in early childhood/special education: Criteria of the next environment. In W. Sailor, B. Wilcox, & L. Brown (Eds.), *Methods of instruction for severely handicapped students* (pp. 303-328). Baltimore: Paul H. Brookers.

第五章

程(一)：感覺統合

感覺知覺動作課

人類是有感覺的動物，這些感覺是學習的重要基礎，人們透過感覺而覺知到刺激，並做出適當的反應，如果感覺系統出了問題，將導致生活適應的困難，進而影響學習的效果。很多重度與多重障礙孩子之感覺系統有反應不足或過度反應的現象，因此如何透過一些活動使其感覺系統能在接受刺激時，儘可能做出適當的反應，這是從事重度與多重障礙教育工作者所追求的目標。本章針對目前教育體系內常使用的感覺知覺動作活動，包括感覺統合、減觸覺敏感與平衡活動提出探討。

··◆第一節◆·· 感覺統合

孩子是透過感覺與動作來與環境互動而瞭解他們所處的世界，進而產生知覺、語言、社會與認知發展，並深化其感官動作技能（Campbell, Vander Linden, & Palisano, 2000; Forney, 2001; Larin, 2000）。感覺經驗是學習的基礎，嬰兒就是靠著感覺來探索世界，皮亞傑之認知發展論即把0～2歲歸納為感覺動作期，顯示人類最初的發展是感覺與動作，這是學習的基礎，而人類感覺系統中常提到的五官感覺包括視覺、聽覺、觸覺、味覺、嗅覺，除此外，在感覺統合系統中，本體覺與前庭覺等更與孩子的發展息息相關。感覺統合則是把所有的感覺訊息輸入，在腦幹予以統整組合起來，以提供充分運用於身體內外知覺、順應性反應、學習過程，以及腦神經機能的發展（Ayres,

1972; Ayres, 1976）。然而有些特殊兒童有感覺異常的現象，使其對外界的刺激無法做出適當反應，因此必須深入瞭解其問題，加以處理。以下是有關感覺知覺異常情形的說明。

一、感覺知覺動作發展

1. 聽覺

有些重度與多重障礙兒童對聲音特別敏感，無法分辨重要的聲音，在人聲嘈雜的地方很可能出現煩躁不安、情緒失控現象。也有些兒童對聲音太遲鈍，對聲音的刺激反應是「有聽沒有到」，對別人所說的話不是沒有聽到就是聽錯話，而導致學習的困難。

2. 視覺

我們的眼睛接受到刺激，提供了一個物件的特性，包括顏色、形狀、位置等資訊，這些資訊透過整合，和過去「看得見的經驗」試著去配對，所以才能判斷那個物件到底是什麼東西（臺大醫院精神部職能治療室職能動力小組，2003）。但有些兒童對視覺過度敏感，每個刺激都吸引他，因此無法專心，而有些兒童則是對於視覺刺激過於遲鈍，無法認出他所看過的東西，而影響學習成效。

3. 嗅、味覺

味覺是影響進食的重要因素，嗅覺則是對於周遭環境安全與舒適的感應器，過度敏感與過度遲鈍的味覺將造成進食的困難，而過度敏感與過度遲鈍的嗅覺將因而導致環境適應的困難

而影響健康。

4. 觸覺

觸覺提供了冷熱、壓覺、痛覺、質感等重要資訊,但觸覺過於敏感者,存在著觸覺防禦現象,總覺得受到干擾,全身不舒服;過於遲鈍者,則喜歡東摸西摸,動個不停,以致影響在學校的學習,也可能在行動時撞到別人,造成社交的困難,這些將干擾其生活適應與學習。本章第二節將有針對觸覺防禦的探討。

5. 前庭覺

前庭覺是位於耳朵內部一個精細的構造,可以告訴我們的頭以及身體相對於地平面的位置以及動作,例如感受到所搭的汽車此刻是不是往前或往後、加速或減速、上下搖晃或旋轉等。而前庭覺過於敏感者,則會出現怕高、怕跌倒等現象;過於遲鈍者,則出現衝來撞去、喜歡旋轉等特徵。

6. 本體覺

本體覺是藉由肌肉、關節……等部位提供的感覺,再把從身體各部位傳回的感覺訊息整理後,我們才能知道我們的身體在哪裡,正在做什麼。透過本體覺,我們才知道該用多大力氣開瓶子、上下樓梯、肌肉張力、身體形象,這是一種「用來決定運動計畫」的能力。當本體覺出現問題時,將造成生活適應的問題,例如我們將會產生不知道手該伸多遠去拿眼前的東西,該彎多少幅度腰去撿東西、行動時撞到別人、施力不當等現象。

7. 動作系統

　　人類是從所有感覺系統傳來的感覺訊息在神經系統整合，然後在腦部做出控制協調動作的反應，因此感覺出了問題，連帶動作也會有問題，例如視知覺出了問題，將造成分辨背景與主體的困難，使得個體在監控行動時無法有效判斷與行動。

　　觸覺、前庭覺、本體覺、視覺、味覺、嗅覺、聽覺等系統整體運作，以提供個人有關環境的資訊，而個人所具備的感覺能力攸關對刺激的反應是否恰當，對刺激的覺醒度、分辨能力是否有效等，以確保個人在環境中的動作安全與學習之成效。那到底多少的刺激反應量才適當？Forney 與 Heller（2004）建議應成立教育專業團隊，以瞭解孩子感知動作發展情形，據以選擇孩子所需的功能性目標與策略。以下是感覺評估方式的說明。

二、感覺評估

　　多元評量是評估感覺能力的主要方式，只用單一的評量方式，不容易獲得具體完整的結果，茲以量表與觀察等兩種方式來評量感覺動作控制能力說明如下：

1. 量表

　　愛爾絲（Jean Ayres）編有標準化的南加州感覺統合測驗（Southern California Sensory Integration Test II），這是由職能治療師負責施測的檢查工具，測驗孩童感覺統合失常的程度。李月卿、劉信雄（1989）把愛爾絲於 1980 年所出版《*Sensory*

Integration and Child》一書後面的五種感覺統合失常綜合症狀後面的檢核表集合起來，請最瞭解孩童的父母親勾選有異常的項目。之後，依其輕重程度給予量化。

❖**該感覺統合檢核表包括檢測**

⑴前庭和雙側大腦分化失常：第<1>題到第<11>題，包括前庭平衡系統所掌管有關方向、距離、速度等感覺，軀肢筋肉張力僵硬、眼球追蹤注視力，和手腳單側專門化等失常，以及行為和學習上的困難。

⑵腦神經生理抑制困難：第<12>題到第<20>題，有關防禦性感覺（包括觸覺）過度氾濫和籠罩，有抑制和統整上的困難，而生無形威脅和不安感，所引起脾氣和行為失常的情形。

⑶觸覺防禦和脾氣敏感：第<21>題到第<34>題，有關防禦性輕觸極度氾濫所引起表面觸覺過度敏感和好惡矛盾的心緒行為，以及脾氣敏感固執等情形。

⑷發育期運用障礙：第<35>題到第<45>題，有關識別性觸覺和身體形象發展欠佳，所引起運用身軀手腳或動作上的笨拙，或整潔迅速習慣學不來的情形。

⑸空間和形狀視感覺失常：第<46>題到第<50>題，視覺低層次處理欠佳所引起視知覺和學習困難的情形。

⑹重力不安全症：第<51>題到第<60>題，前庭平衡系統對地心引力或加速度過度敏感的情形。

⑺心緒失常行為：第<63>題和第<64>題，上述感覺統合

失常症候群，都會引起心緒行為上對壓力和挫折感很敏感，也對自我形象產生不良的情形。

(8)頭暈眼痠澀：第<61>題和第<62>題，最近的頭暈眼痠澀會讓成績暴落，心緒和脾氣急劇惡化，向來被認為故意不合作，實在是孩童不會形容身心不舒服所導致的誤解。這情形很普遍存在跟上述感覺統合失常症候群，有明顯惡性循環的作用。

(9)感覺統合失常總分：第<1>到<60>題，和<63>到<64>題的合計總分。

除「感覺統合檢核表」外，Dunn 與 Weatman（1997）所編制之「感覺史量表」也是評量感覺異常的方法，該量表計有九個因素，包括尋求感覺刺激、情緒性反應、低耐力或肌肉張力、口腔感覺敏感、靜態性、精細動作／知覺功能等項，可篩檢有感覺處理功能障礙的個案。曾美惠、林巾凱、蕭舜友（2000）將之修訂為合乎我國文化背景的感覺共能處理功能篩檢量表，並發現自閉症孩童之感覺處理功能障礙行為發生比例比正常孩童為高。

2. 觀察

觀察學生在自然環境中透過日常生活作息操作對特定感覺輸入的忍受度與喜好程度，是評量其感覺動作能力的重點，Dunn（1996）認為觀察孩子在功能性日常活動的表現，是評估孩子感覺過程是否有困難的有效方式，例如老是綁不緊鞋帶，可能本體覺有問題；在吃飯時發現孩子頭部老是歪向一邊，可

能是前庭覺有問題；不容易在抽屜中找到餐具，可能有視知覺的問題；在學校課程活動中，對關門聲音過度反應，可能有聽知覺問題；在遊戲之前，聞或嚐盡所有東西的味道，可能是其嗅、味覺有問題。

　　Forney & Heller（2004）認為，多次跨時段、跨任務方式觀察孩子的知覺動作行為，才能提供重要的資料，以瞭解孩子知覺動作問題的本質。Shumway-Cook 與 Woolacott（2001）指出，使用任務導向方法（task-oriented approach）是區辨分析孩子知覺動作問題的方式，以確認孩子的真正問題所在。

三、感覺統合訓練

　　感覺統合治療主要是增進兒童動作計畫能力（Humphries, Wright, McDouugall, & Vertes, 1990; Humphries, Wright, Snider, & McDoughall, 1992），感覺統合是一種神經過程，用以組織來自身體及環境的感覺訊息，好讓個體可以有效運用其肢體與環境互動。這是腦選擇、增強、抑制、比較，與其他感覺訊息作用關聯的神經功能。感覺統合訓練（治療）的目的是在增進兒童的動作計畫能力，而非學業技巧，其功能就好比蓋房子，先打好學習的基礎，有了好的根基才能往上加蓋磚瓦（姚開屏，1997）。

　　鄭信雄（1990）使用感覺統合治療觀點處理多重感覺障礙與自閉症孩童，所採用的活動包括滑板、推球、搶球等活動。高純華（1994）所進行的感覺統合訓練項目包括彈簧床、跳

床、球池遊戲、平衡木行走、傳球遊戲、定點拍球等。財團法人臺北市第一兒童發展文教基金會（1995）則是以遊戲設計來促進感覺統合。

感覺統合治療的特色是在有意義、個案自我引導的情境下，提供強化的感覺刺激，主要包括前庭覺、本體覺和觸覺，並強調這些感覺的整合以及適應性反應的產生（汪宜霈、王志中、蔡獻裕，2003）。

進行感覺統合訓練的指導原則包括：⑴仔細觀察孩子的狀況；⑵從孩子喜好的遊戲或刺激先著手；⑶引導孩子計畫自己的遊戲或行動（財團法人臺北市第一兒童發展文教基金會，1995），蔡美良（1996）指出，實施感覺統合治療之原則含：

1. 提供有計畫地、控制性地感覺輸入。

2. 要求小孩做出適當反應。

3. 反覆之必要性，每日治療之療效比一週一次爲佳。

4. 療效之產生需時半年至一年。

5. 年齡小比年齡大的療效佳。

6. 由接受過訓練者來做。

7. 治療環境之安全性。

❖以下是幾個感覺統合訓練的活動與器材的使用

⑴「8字」跑：在地上畫「8」字，按照8的線條跑，以促進前庭覺、觸覺、本體覺和視覺刺激，如圖5-1。

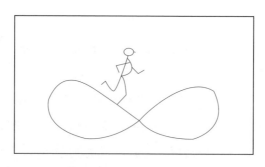

◎圖 5-1　感統活動「8 字」跑

▸資料來源：財團法人臺北市第一兒童發展文教基金會（1995：11）

(2)治療球：以趴或躺或坐在上面被搖動，以促進前庭覺、
　　觸覺、本體覺和視覺刺激，如圖 5-2。

◎圖 5-2　感統活動「治療球」

▸資料來源：財團法人臺北市第一兒童發展文教基金會（1995：23）

(3)斜坡滑板：以滑板幫助兒童滑下斜坡，手腳抬高，或滑
　　下時以手碰觸球，以促進前庭覺、觸覺、本體覺和視覺
　　刺激。

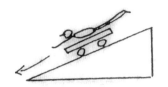

◎圖 5-3　感統活動「斜坡滑板」

▸資料來源：財團法人臺北市第一兒童發展文教基金會（1995：47）

　　感覺統合訓練之有效性至今仍有相當大的爭議，Dawson
與 Watling（2000）比較感覺統合治療、傳統職能治療與聽統
訓練等三種方法，在文獻上對感覺與動作異常自閉症兒童之成
效，結果發現有四篇文獻顯示感覺統合治療有效，但樣本太
小，無法提供足夠證據，沒有任何一篇實證研究顯示傳統職能
治療有效；有五篇有關聽統訓練的研究，但所使用的研究對象
均非自閉症兒童。姚開屏（1997）則認為感覺統合治療涉及醫
療問題，醫療又非特教專業領域問題，這是需要神經生物的專
業知識，因此結果的分歧應是專業的不同所致。很多時候特教
老師基於教學的需要，必須為多重障礙學生實施感覺統合教學
時，可能被質疑涉及醫療的合法性，而治療師入班服務的時間
又有限，因此常限於兩難（李翠玲，2008）。然而基於感覺、
知覺與動作對多重障礙孩童發展的必要性，教師為學生進行感
覺、知覺與動作訓練時，可先與治療師討論，劃分彼此權責與
相互配合的事項，以刺激多重障礙孩子感官知覺的基本能力。

·◆第二節◆· 觸覺防禦之評量與處理

多重障礙兒童大多有感覺異常情形，不是反應不足就是反應過度。在所有的感覺中，觸覺敏感是比較影響學習與適應者（李翠玲，2006）。以下即針對觸覺防禦之成因與特徵、觸覺防禦程度分類、觸覺防禦之評量與減觸覺防禦活動提出探討。

一、觸覺防禦成因與特徵

最早提出觸覺功能異常現象的人首推愛爾絲（Jean Ayres），Ayres 於 1975 年發現部分學習障礙兒童進行觸覺測驗時會出現逃避與驚覺的反應，Wilbarger 與 Wilbarger（1990, 1991）則進一步將之定義為觸覺防禦（Tactile Defensiveness）。

Stagnitti、Raison 與 Ryan（1999）認為觸覺防禦的形成是較高層次中樞神經系統結構的失敗，以致無法處理輸入的觸覺刺激。羅鈞令（1998）則認為這種觸覺防禦現象是因為觸覺系統發展不成熟，對外界刺激的辨別力不足或混亂所致。也就是說，感覺功能正常的人能夠將輸入的資訊自動轉換，而使得個體發揮功能；但有觸覺防禦現象的一些特定特殊兒童，因為中樞神經系統的問題，常導致感覺敏感現象，以致影響其學習與發展。

身體對碰觸的反應到何種程度才算是有問題？表 5-1 是 Royeen 與 Lane（1991）的整理資料，也是目前我國醫院職能治療室常用來判定觸覺防禦的標準：

◈ 表 5-1　觸覺防禦行為特徵

行為	說明
逃避觸摸	1.不喜歡或避免穿特定質料或款式的衣服，或相反地偏愛某特定款式、質料的衣服。 2.偏愛排在隊伍的最後，以避免如其他小朋友的碰觸。 3.傾向躲開預期中的碰觸或和人有碰觸的互動（包括避免被摸臉）。 4.避免玩有身體接觸的遊戲活動，有時表現偏愛獨自一個人玩。
對無害的碰觸有嫌惡的反應	1.當被舉高或摟抱時覺得厭惡，會掙扎。 2.討厭某些日常生活活動，包括洗澡、淋浴、洗臉、剪指甲、剪頭髮。 3.討厭刷牙、看牙醫。 4.討厭繪畫的材料，包括避免手指畫、漿糊或沙。
對無傷害性的觸覺刺激有異常的情緒反應	1.對別人輕碰他的手臂、臉、腿時，有攻擊他人的反應。 2.當身體較靠近別人時會顯得很緊張。 3.即使和較親近的人有碰觸的機會，仍會顯示厭惡、退縮、負向的反應。

↦資料來源：Royeen & Lane (1991: 112)

　　表 5-1 將觸覺防禦的行為特徵按照嚴重性區分為三種類別，第一類為逃避觸摸，第二類為對無害的碰觸有嫌惡的反應，第三類為對無害的觸覺刺激有異常的情緒反應。Wilbarger 與 Wilbarger（1991）認為，假如孩童出現觸覺防禦的行為特徵而不及早處理的話，將會造成影響孩童平日生活的各個層面，而產生負面的衝擊，因此不可輕忽觸覺防禦所造成的負面影響。

　　Wilbarger 與 Wilbarger（1991）同時指出，自閉症兒童、

發展遲緩兒童與情緒障礙兒童的觸覺防禦問題通常是屬於重度的觸覺防禦，而其本身的障礙與造成的問題，常遠較一般兒童單純的觸覺防禦問題嚴重，而單純具有觸覺防禦的普通兒童也因為具有觸覺防禦的行為特徵而常被視為是情緒障礙兒童、攻擊性兒童與過動兒童（Hotz & Royean, 1998），因此區別性診斷就顯得相當重要，這些需要透過有系統的評量來加以區辨，以便有效治療。

三、觸覺防禦之評量

感覺防禦（含觸覺防禦）進行系統評量方式，主要是根據非標準化工具、觀察與臨床判斷技巧（Kennearly, Oliver & Wibarger, 1995; Royeen & Lane, 1991）。評量的方式包括面談、觀察、觸覺反應測驗、感覺檢核表與感覺遊戲等（Stagnitti, Raison & Ryan, 1999）。

觸覺防禦之評量工具大致分為學前版、兒童版與成人版三大類。學前版常用的觸覺防禦測驗為「米勒學前評量表」（Miller Assessment for Preschoolers; MAP）（Miller, 1988）及Provost 與Oetter（1993）所發展之「嬰幼兒感覺評量表」（the Sensory Rating Scale for Infants and Young Children）來檢測嬰幼兒之感覺防禦問題。Royeen（1987）亦針對學前的孩子編制了「學前版之觸覺評量表」（The Touch Inventory for Preschoolers）。

在兒童版方面，「小學生觸覺檢核表」（Touch Inventory

for Elementary School Aged Children）是常用來檢測孩童觸覺防禦現象的工具。「小學生觸覺檢核表」共有二十六個題目，視嚴重程度依據「否」、「一點點」與「是」來計分。Royeen與 Mu（2003）曾利用「小學生觸覺防禦檢核表」進行觸覺防禦跨文化的調查，結果發現歐洲（28 位小學生）與美國學童（415 位小學生）觸覺防禦穩定性並沒有差異，也就是說利用「小學生觸覺防禦檢核表」來檢測觸覺防禦，不論是在美國或是在歐洲，都能穩定檢核出具有觸覺防禦的兒童，證明其信度與效度均佳。

在成人版方面，「成人感覺問卷」（Adult Sensory Questionnaire）（Kinealey and Oliver, 2002）是篩檢成年感覺防禦之量表，共計 26 題是非題，「成人感覺面談表」（Adult Sensory Interview）（Kinnearly, Oliver & Wilbarger, 1995）也是評量成人感覺防禦之工具，共有 82 題半結構式開放式題項，以蒐集有關個人對感覺刺激之反應。「貝克焦慮量表」（Beck Anxiety Inventory）（Beck, Brown , Epstein & Steer, 1988）是用來評量焦慮程度的工具，給 17～80 歲的人來施測，其理論是根據受測者的焦慮程度，以找出其與感覺敏感程度之相關。

國內目前常用來診斷學童觸覺防禦的工具包括「小學生觸覺檢核表」（見本章後附）、「兒童感覺發展檢核表」（李月卿、鄭信雄，1989）與「觸覺防禦系統檢核表」等。其中「小學生觸覺檢核表」共有 26 個題項，根據英文版的「小學生觸覺檢核表」翻譯而來，並按照反應題項的嚴重性，分為 1、2、

3 分等加權，以算出總分與百分比，藉以判斷該生觸覺防禦的嚴重性，很適合初步的判定。

由於觸覺防禦常易衍生出過動、分心、知覺動作問題與情緒壓力等行為（Royeen & Lane, 1991），因此如果不予處理觸覺防禦的問題，將導致情緒障礙（Wilbarger & Wilbarger, 1991），也因此觸覺防禦與情緒障礙常會混在一起，造成混淆，區別性診斷就變成一種必要的過程。「觸覺防禦與辨別測驗」（Tactile Defensiveness & Discrimination Test; TDDT）是一種使用於觸覺防禦區辨的測驗，該測驗具有信度與效度，屬於行為測驗（behavioral test）的類型，在統計上與臨床上對輕度的觸覺刺激具有辨別防禦反應的功能（Creedon & Baranek, 1988）。除使用測驗外，長時間的觀察、標準化與非標準化的測驗、諮詢父母、教師與醫生等多元方式，皆有助於正確診斷出純粹的觸覺防禦者或是情緒障礙（Stagnitt, Raison &Ryan, 1999）。

四、觸覺防禦之處理策略

處理觸覺防禦時必須融入抑制防禦反應的技術，諸如：刷身體、按壓身體等（Ayres, 1972, 1979; Knickerbocker, 1980; Royeen & Lane, 1991）。Hamill（1984）建議降低「觸覺防禦」現象之策略及活動包括下列活動：

1. 緩慢地在鞦韆上擺盪（如果沒有抵抗移動）。
2. 舒張—伸展主要的關節（手肘、肩膀、臀部、膝部、腳

踝）。

3. 避免光線直接刺激，碰觸時動作要快且穩定，持續的碰觸是必要的。

4. 要從他的前面接近，避免給他「意外」的驚喜，且要告訴他下一個要進行的活動有哪些人參與。

5. 用毛巾之類東西包裹他並輕壓他。

6. 用刷子順著皮膚毛髮方向刷皮膚。

7. 重壓皮膚及關節。

8. 在他洗頭和剪頭髮前先按摩頭皮。

9. 讓他（她）穿柔軟不癢的衣服。

10.於隊伍中儘量排在第一個或是最後一個，避免過度的不安。

11.加重施力壓腕關節或踝關節。

❖**臺北市第一兒童發展文教基金會（1995）建議改善觸覺防禦的遊戲包括：**

⑴成對遊戲：例如按摩、輕輕擁抱與緊緊擁抱。

⑵使用刷子、毛巾、電動按摩棒。

⑶利用輪胎串進行進入圈內、趴臥、坐上、鑽進鑽出或躺在圈內被滾動之活動。

⑷利用滾筒進行跨坐被搖、趴坐被搖、躺著被搖、走在上面等等活動。

⑸利用治療球進行趴或坐在上面被搖動之活動。

⑹另用運動墊夾臥在兩片軟墊之間。

　　李翠玲與陳志平（2003）根據以上原則與活動編成「減觸覺防禦及知動訓練」教材，並實施於一位有觸覺防禦的自閉症兒童教學，發現能有效減低觸覺防禦情形，並增進大動作與精細動作能力，部分研究（Fox, 1964; Kannegieter, 1970; Stagnitti, Raison & Ryan, 1999）也顯示觸覺防禦現象可以透過結構化的知覺動作訓練得到改善。

··◆第三節◆·· 平衡能力評估與訓練

　　平衡功能是人體在日常中維持自身穩定性的能力，人類在行動及進行日常生活過程中，均需要依賴平衡功能來維持良好的姿勢與穩定性。平衡和正確的姿勢使孩子能自由移動並瞭解環境，缺乏平衡感和正確的姿勢，孩子很難學會新的動作，和自己與其他事物的關係（財團法人雙溪啓智文教基金會，1987）。然而有很多重度與多重障礙兒童常因感覺動作的缺陷導致平衡功能障礙，進而影響生活與學習的品質，而一份嚴謹的平衡能力評估與能達成顯著效果的教學，常涉及特殊教育、醫療復健、運動指導與平衡工程等跨領域的合作。本節則以跨領域方式探討特殊學生平衡能力之評估與訓練。

一、平衡能力之評估

　　特殊兒童平衡能力的缺陷是起因於身體姿勢系統的問題，而身體姿勢控制系統主要是利用感覺、運動與中樞神經系統

組成的協同與交互作用，來維持身體姿勢的穩定性（Nashner, 1993）。其中與平衡最相關的感覺系統為視覺、前庭、本體覺來提供感覺訊息（Shumway-Cook & Woollacott, 2001），故平衡能力的評估即以此為設計的基礎。以下是幾種平衡能力的評估方式：

1. 受試者單腳站立與走平衡木

在靜態平衡能力評量的評估方法中，常見的有閉眼單足站立，長式棒上單腳站立、交叉式棒上單足站立、踮腳等多種平衡能力測量方法，這也是最簡單的一種測量方式，但卻不夠精密。而動態姿勢平衡測量的功能則在於診斷出前庭系統、視覺與本體覺系統之任何系統受損，測量方式是在平衡木上行走時間的測試（單信海，2007）。

2. 平衡評估儀器

隨者科技之進步與儀器之精確，現今可藉由科學量化分析儀器之協助，讓受試者進行某些特定測試，即可判讀個體之平衡功能是否有所損傷或是異常。目前常見的靜態平衡評估儀大多是由受試者靜止站立於平行儀器平臺上，要求受試者盡量保持靜止不動，來量化分析受試者本身的晃動情況，而動態平衡評估儀則是要求受試者站立於具有多自由度運動的平臺上，此平臺通常是由油壓或齒輪來控制與驅動，由受試者在有無外力干擾情境中，量化分析受試者之姿勢變化與晃動情況，來判定其平衡能力之優劣。例如長庚醫院復健科就購有 SMART 儀器多年，以測量患者的平衡能力。儀器雖能獲得較為科學的參

數,且其評量儀器兼具訓練平衡的效果,但由於重度與多重障礙兒童可能聽不懂指令,或無法靜止站在儀器上數分鐘供測試,此時仍要以其他方式來測量其平衡能力,例如量表的使用。

3. 感覺動作量表

專家所編製的標準化感覺動作量表,通常會將平衡能力列為其中一項重要的分測驗,例如下列量表即是如此:

⑴Movement ABC

該量表建有美國 1,234 位 4～12 歲兒童常模,是由定量與定性兩測驗所組成,分為手部精細動作 3 項、球類技巧 2 項與靜動態平衡能力 3 項,總計 8 項測驗能力。

⑵Portage

Portage 是年齡發展量表,屬於早期療育的評估與訓練工具,共分為生活自理、動作、社會行為、語言、認知及一個單項的嬰兒刺激活動,這是依據年齡基礎所設計的發展量表,教師可以透過測試學生在平衡能力的動作表現,而推估其平衡能力年齡水準。茲將 Portage 有關平衡能力的對照年齡整理如下:

◈表 5-2　Portage 中平衡能力評估之年齡對照表

年齡	平衡能力
0-1	在少許支撐下站立
0-1	從站立到坐下
0-1	從俯臥轉為坐姿
1-2	從坐到站
1-2	蹲下去再站起來

年齡	平衡能力
2-3	原地雙腳跳
3-4	用雙手接球
4-5	獨立單腳站立4到8秒鐘
4-5	走平衡木
5-6	單腳站立，閉目10秒鐘
5-6	在平衡木上往前走、往後退、側著走

⑶凱伯之「知覺──動作發展評量」

該量表之平衡與姿勢彈性的評量方法包括：

①平均台活動：包括平均台前行、後退、測行。

②跳躍動作：包括雙腳跳、單腳跳、躍步等。

⑷簡明知覺──動作測驗

內容包括15個分測驗，其中有關身體平衡的分測驗為⑪要求受試者將一腳的足尖緊靠另一腳的足跟；⑫單腳站立；⑬交換跳等。

二、平衡能力訓練

個體維持平衡主要三大系統為視覺、前庭、本體覺來提供感覺訊息，在訓練時即要針對這些系統來加以刺激與整合，以下是感覺統合、運動訓練與舞蹈等領域的平衡能力訓練。

1. 感覺統合訓練

治療師最常用的是感覺統合的活動，來增進特殊兒童的平衡能力，也是特殊教育中最常聽到的訓練方式，重點在強調刺激視覺、前庭與本體覺的活動，茲列舉一例說明：

活動名稱：身體滾球

目的：提供前庭刺激訓練平衡能力

活動內容：讓孩子趴在一個2～3呎的大球上，下面要鋪墊子，要孩子坐在上面試著平衡，手腳可著地，但是人不要掉下來。（羅鈞令，1998）

張蕙如（2005）以「站立下，伸手向前拿取移動中的球」之平衡訓練來改善腦性麻痺兒童前置姿勢，結果發現如此之平衡訓練在臨床上可行。曾煜程（2008）以三階段知動平衡教學實施於啓智班有平衡問題學生，結果發現學生在「Biodex Balance System SD」平衡評估儀與「Movement ABC-2動作檢核量表」之平衡表現均有進步情形。

2. Portage 中之動作訓練

針對表5-3中Portage之5～6歲年齡層之平衡目標「單腳站立，閉目10秒鐘」，Portage所提供的訓練方法爲：⑴示範給孩子看；⑵大聲數到10；⑶抓住小孩的手、手指、衣服，幫他保持平衡，慢慢的鬆手；⑷先讓小孩用另一隻腳的腳趾著地支撐著。其他年齡層的動作訓練在Portage中皆有相對作法，可供教師進行訓練平衡能力之參考（財團法人雙溪啓智文教基金會，1987）。

3. 舞蹈

透過融入平衡動作的舞蹈也是促進平衡能力的一種方式，林淑莉、邱明秀與羅艾青（2003）以遊戲舞蹈訓練來改善腦性麻痺兒童之模仿能力、平衡感與親子互動行爲，結果發現五

位受試兒童之視覺分析呈現了視覺上的正向實驗效果，分析結果也指出，各階段在採用新活動課程或重新使用某特定課程之前，前一課程應該持續實施直到出現明確趨向，方才加入新課程或重新採用預定之舊課程。

4. 運動訓練

利用體育課休閒教育課程進行體育訓練是增進學生平衡能力的途徑之一，莊育芬（1999）利用 10 天運動計畫改善 16 位年紀 25～46 歲智能障礙者之靜態站立平衡能力。測試方法是測量以較喜歡的腳單腳站立平衡時間，比較運動前及運動後之差別。結果顯示實驗組與控制組在改善靜態站立平衡項目，並無統計上明顯之差別。但實驗組在經過 10 天運動計畫後，其一腳站立時間有比較長，但是並未達統計上之意義。

多重障礙兒童中之智能障礙、腦性麻痺與注意力不足過動症等類兒童，因為身體的缺陷，常伴隨著平衡的問題，並導致學習與生活的困難，亟需平衡能力評估與訓練的方法，以促進其生活與學習品質，感覺統合訓練、舞蹈與運動訓練是平衡能力的訓練焦點，老師即可視班級的條件來選擇適當的平衡能力評估方法與訓練方式，以改進特殊學生的平衡能力，進而促進學生較佳的生活品質與提升學習動機。

·◆總　結◆·

　　感覺知覺與動作是學習的基礎，重度與多重障礙兒童對刺激多有反應不足或過度反應的現象，必須加以處理，才能有效學習與適應生活，本章則針對感覺統合訓練、減觸覺防禦活動與平衡能力訓練作為增進多重障礙兒童之感覺知覺動作能力。

·◆參考文獻◆·

✦台大醫院精神部職能治療室職能動力小組（2003）。感覺統合。**健康世界，214**，17-24。

✦臺北市第一兒童發展文教基金會（1995）：**促進感覺統合的遊戲設計**。財團法人臺北市第一兒童發展文教基金會。

✦李月卿、劉信雄（1989）。**幼兒感覺發展檢核表實施手冊**。臺北市：心理。

✦李翠玲（2006）。特殊兒童觸覺防禦之問題與處理策略。**特殊教育季刊，98**，1-8。

✦李翠玲（2008）。特殊兒童感覺知覺動作發展與課程之新意探討。**國小特殊教育，45**，16-25。

✦李翠玲、陳志平（2003）。國小階段特教班「減觸覺防禦及知動訓練」教材教學經驗。發表於中華民國特殊教育學會主辦之「中華民國特殊教育學會九十二年年會」。高雄市。

✦汪宜霈、王志中、蔡獻裕（2003）。感覺統合與知覺動作訓

練對發展遲緩兒童療效之比較。**職能治療學會雜誌，21**，29-44。

✛林淑莉、邱明秀、羅艾青（2003）。腦性麻痺兒童遊戲舞蹈治療之研究。**特殊教育研究學刊，25**，173-197。

✛姚開屏（1997）。另一點不同的聲音：再談感覺統合治療。**職能治療學會雜誌，15**，45-5。

✛財團法人雙溪啓智文教基金會（1987）。**Portage早期教育指導手冊**。臺北市。

✛高純華（1994）。以感覺統合訓練爲主的適性教學～任教啓智班九年的教學經驗談。**特殊教育季刊，52**，26-28。

✛張蕙如（2005）。**大量練習平衡訓練對於腦性麻痺兒童前置姿勢調整的影響**。長庚大學復健科學研究所碩士論文。未出版。臺北縣。

✛莊育芬（1999）。十天運動計畫對智能障礙成人靜態站立平衡的影響。**中華民國物理治療學會雜誌，24(2)**，88-96。

✛單信海（2007）。人體站立平衡的分類、測試方法及其在體育運動中的應用。**山東師範大學學報，27(1)**，143-154。

✛曾美惠、林巾凱、蕭舜友（2000）。自閉症兒童之感覺處理功能：先驅研究。**臺灣醫學，4(6)**，609-621。

✛曾煜程（2008）。**三階段知動平衡教學對啓智班平衡問題學生之成效探討**。國立新竹教育大學特殊教育學研究所碩士論文。未出版。新竹市。

✛蔡美良編（1996）。**知覺動作訓練器材使用手冊**。新竹縣：

新竹縣政府教育局。

+ 鄭信雄（1990）。從感覺統合治療觀點談如何有效協助多重感覺障礙與自閉症的孩童。**特殊教育季刊，36**，24-27。

+ 羅鈞令（1998）。**感覺整合與兒童發展**。臺北市：心理。

+ Ayres, A. J. (1972). Types of sensory integrative dysfunction among disabled learners. *American Journal of Occupational Therapy*, 26, 13-18.

+ Ayres, A. J. (1975). *Sensory integration and learning disorders*. Los Angeles: Western Psychological Services.

+ Ayres, A. J. (1976). *The effect of sensory integration therapy on learning disabled children*. LA: Western Psychological Services. American Journal of Occupational Therapy, 26, 13-18.

+ Ayres, A. J. (1979). *Sensory Integration and the Child*. Los Angeles: Western Psychological Services.

+ Beck, A. T, Brown G, Epstein, M. Steer, R. A. (1988). An inventory for measuring clinical anxiety: Psychometric properties. *Journal of Clinical and Consulting Psychology*, 56(1), 893-897.

+ Campbell, S. K., Vander Linden, D. W., & Palisano, R. H, (Eds.). (2000). *Physical therapy for children* (2nd. ed.). Philadelphia: W. B. Saunders.

+ Creedon, M. P. & Baranek, G. T. (1988). Touch another way: Recognizing and managing tactile defensiveness at home and in the classroom. *Proceedings of the Annual Conference of the*

Autism society of America (pp. 49-54).

+ Dawson, G., & Watling, R. (2000). Interventions to facilitate auditory, visual, and motor integration in autism: A review of the evidence. *Journal of Autism and Developmental Disorders, 30*(5), 415-421.

+ Dunn, W. & Weatman, K. (1997). The Sensory Profile: The performance of a national sample of children without disabilties. *AMJ. Occup Ther, 51*, 25034.

+ Dunn, W. (1996). The sensorimotor systems: A framework for assessment and intervention. In F. P. Orelove & D. Sobsey, *Education children with multiple disabilities: A transdisciplinary approach* (3rd ed., pp. 35-78). Baltimore: Paul H. Brookes.

+ Forney, P. E. (2001). Providing early intervention services in natural environments. Concerns and tips. *American Association for Home-based Early Interventionists* (AAHBEI) News Exchange, 6(4), 1-4.

+ Forney, P. E., & Heller, K. W. (2004). Sensorimotor Development---implicaitons for the educational team. In F. P. Orelove, D. Sobsey, & R. K.Silberman (Eds.), *Educating Children with Multiple Disabilities: A Collaborative Approach* (4th ed.). Baltimore: Paul H. Brookes.

+ Fox, J. (1964). Cutaneous stimulation. *American Journal of Occupational Therapy, 18*, 53-55.

+Hamill, J. S. (1984). *'Tactile Defensiveness' A Type of Sensory Integrative Dysfunction*.

+Hotz, S. D. & Royean, C. B. (1998). Perception of behaviours associated with tactile defensiveness: An exploration of the difference between mothers and their children. *Occupational Therapy International*, 5, 281-291.

+Humphries, T., Wright, M., McDouugall, B., & Vertes, J. (1990). The efficacy of sensory integrative therapy for children with learning disabilities. *Physical and Occupational Therapy in Pediatrics*, 10, 1-17.

+Humphries, T., Wright, M.,Snider, L., & McDoughall, B. (1992). A comparison of the effectiveness of sensory integrative therapy and perceptual-motor training in treating children with learning disabilities. *Journal of Developmental Behavioral Pediatrics, 13*(1), 31-40.

+Kannegieter, R. B. (1970). The results of a perceptual-motor-cognitive learning program designed for normal preschool children. *American Journal of Occupational Therapy, 24*, 208-214.

+Kennearly, M., Oliver, B., & Wibarger, P. (1995). A phenomenological study of sensory defensiveness in adults. *American Journal of Occupational Therapy, 49*, 444-451.

+Kinnealey, M. & Oliver, B. (2002). *Adult Sensory Questionnaire*.

Unpublished raw data. Temple University, College of Allied Health Professionals, Department of Occupational Therapy, 3307 North Broad Street, Philadelphia, PA 19140.

✛Knickerbocher, B. M. (1980). *A Holistic Approach to Learning Disabilities*. Thorofare, NJ: Slack.

✛Larin, H. M. (2000). Motor learning: Theories and strategies for the practitioner. In S. K. Cambell, D. W. Vander Linden, & R. J. Palisano (Eds.), *Physical therapy for childen* (2nd. Ed., pp. 170-197). Philadelphia: W. B. Saunders.

✛Miller, L. J. (1988). *Miller Assessment for Preschoolers Manual*. (Revised edition). San Antonio, TX: Psychological Corporation.

✛Nashner, L. M. (1993). Chapter 12: Practical Biomechanics and Physiology of Balance. In: *Handbook of Balance Function and Testing*., Jacobsen, G., Newman, C., Kartush, J. (eds). St. Louis, MO: Mosby Year Book. 261-279.

✛Provost, B. & Oetter, P. (1993). The Sensory Rating Scale for Infants and Young Children: development and reliability. *Physical and Occupational Therapy in Pediatrics, 13*, 15-31.

✛Royeen, C. & Mu, K. (2003). Stability of tactile defensiveness across cultures; European and American children's responses to the Touch Inventory for Elementary School Aged Children (TIE). *Occupational Therapy International, 10*(3), 165-174.

✛Royeen, C. (1987). TIP-Touch inventory for preschoolers: A pilot study. ***Physical & Occupational Therapy in Pediatrics***, 7, 29-40.

+Royeen, C., &Lane, S. (1991). Tactile Processing and sensory defensiveness. In Fisher, A., Murray, E., & Bundy, A. (Eds.), ***Sensory integration. Theory and Practice*** (108-133). Philadelphia: F. A. Davis Company.

+Shumway-Cook, A., & Woollacott, M. H. (2001). ***Motor control: Theory and practical applications***. Philadelphia: Lippincott Williams & Wilkins.

+Stagnitti, K., Raison, P., & Ryan, P. (1999). Sensory defensiveness syndrome: A paediatric perspective and case study. ***Australian Occupational Therapy Journal***, 46, 175-187.

+Wilbarger, P. & Wilbarger, J. (1991). Sensory defensiveness in children aged 2-12. ***An intervention guide for parents and other caretakers. Denver: Avanti*** Educational Progams.

+Wilbarger, P. & Wilbarger, J. (1990). ***Introduction to sensory defensiveness*** (audio-tape). Denver: Avanti Educational Programs.

第六章

程(二)：優律斯美感覺知覺動作課

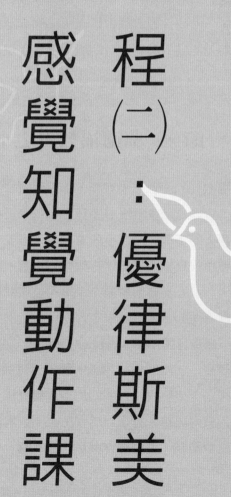

前一章所述感覺知覺動作的問題可透過感覺統合訓練、減觸覺敏感活動和增進平衡的活動等來改進外，仍有其他多種課程也有相似的效果，例如華德福教育之優律斯美（Eurythmy）課程，該課程是華德福學校使用的動作課程，除能增進感覺知覺動作能力外，亦屬於藝術課程，對特殊兒童身心靈的增進有其意義存在，但因為華德福教育是屬於體制外的一種教育，一般特殊教育師資培育機構鮮少論及，本章則嘗試說明優律斯美的基礎與實踐，期能提供感官知覺動作課程之選擇。

·：第一節·：　華德福教育之十二感官

　　華德福教育的理念為人智學，它的教育宗旨並不像一般制式的教育，會參考社會環境需要什麼，再來組織教育的內容，而是著重在人的本質與需要，先看看孩子需要什麼，再來提供教育，這種以人為本的思想才是教育的本質。而身體有障礙的孩子則是由於身心靈方面發展不平衡，這些問題首先可以透過瞭解身心靈層面的各種感官來進行療育，也由於華德福教育所稱的感官不僅是身體（physical body）層面，也涵蓋靈性（soul body）與精神（spirit body）層面，因此不是我們所習慣稱呼的身體五種感官，或感覺統合中的加上本體覺與前庭覺等七種感官，華德福教育認為人有十二感官，主要分為形而上、中層、形而下等三個階層，這些感官與身心靈有關，共分為以下三大

系統：

一、神經系統：聽覺、語言覺、思想覺、自我覺

　　神經系統包括神經、頭、思想感官系統，這是屬於精神感官（spirit），是15～21歲青少年發展階段中最相關的，稱之為高階或「思想」感官，與思想最具有關聯性的是聽覺及語言覺，在人體的感官系統上，這是屬於形而上的階層。

二、律動性系統：嗅覺、味覺、視覺、溫度覺

　　這個系統是個人從7～14歲發展最相關的情感感官，屬於律動、心胸、情感感官系統，稱之為中階或「情感」感官（feeling），這組感官讓我們和世界相連結，此一系統的感官包括：

1. 嗅覺：「聞」與空氣元素有很深的內在關係，我們把氣體中外在的東西吸進來，無法切掉與外界的關係；嗅覺也是道德發展的重要開始，例如聞到敬香的味道時，我們會有聖潔的感覺。

2. 味覺：吃或品味是很個人的行為，品味是我們的文化，是我們對世界的灌溉。

3. 視覺：眼睛是一個不可思議的器官，因為看見了，讓我們對世界有了概念，視覺的確有其他感官不同的、廣闊的內在與外在的視野空間。

4. 溫度感：人類的第一個感官應該是溫度感，感受到溫暖，從溫暖中，表示出我們願意介入且參與世界的興趣；人類通常喜歡散發出溫暖，也樂於接受外來的溫暖，我們享受周圍世界用溫暖的方式互相往來的感覺。

三、新陳代謝系統：觸覺、生命覺、動作覺、平衡感

這個系統是個人從 0～7 歲發展最相關的意志力感官，包括四肢、新陳代謝、意志力感官系統，又稱為低階或「意志力」感官（willing），引導我們覺察自己的物質身體。星芒體在此系統最活躍的，是意志力和無意識自動進行的具體過程之一，這些屬於形而下的感官包括：

1. 觸覺（touch）：人類的覺醒就是從觸覺感官而來的，因為接觸到了知覺。

2. 生命覺（life）：身體的舒服與否都是藉由此感覺展現，例如身體疲累對身體的成長是一劑良方。

3. 動作覺（movement）：是觀察、參與和經驗自己移動運作的感官，動作覺不是移動的能力，而是感知動的能力。

4. 平衡感（balance）：平衡感能感知地球的重力中心與人體的關係，平衡感是唯一在我們身上找到位置的感官，就是耳內司管平衡的三半規管。

人智學的理念認為孩子就是透過人的十二種感官與外面世界產生關聯，一旦十二感官中任何感官出了問題，孩子就無法與外界溝通，而形成如同特殊兒童的狀況，在程度上就難以透

過感官與外界溝通，也就是無法「世俗化」與「社會化」。人的十二種感官形塑人的身心靈三個面向，人體組織的三面向有其發展次序，都應同時考量，例如對學習障礙的孩子來說，不應只考量智力（thinking）問題，應先看看其情感（feeling）與意志（willing）部分是否有問題。優律斯美是基於人智學的理念發展出來的課程，雖然從其型態來看是屬於肢體動作的課程，但其內涵則在激發人在身心靈等層面的感官能力，對於重度或多重障礙的孩子來說，另還發展出治療性的優律斯美，是值得瞭解的一種課程。

·•第二節•· 優律斯美之沿革

　　優律斯美自 1912 年專為華德福學校課程需要設計出來以來，歷經九十幾年的演變，逐漸演變出多元面貌，包括藝術、教育和醫療等類別之優律斯美。大致來說，優律斯美在課程方面的發展可分為兩階段：

一、教育性優律斯美課程

　　優律斯美最早的出現是在 1912 年，當時史代納與專攻吟頌與說話藝術的妻子 Marie von Sivers 共同創作，進而發展出一套完整的運用肢體動作表達音樂與語言之美的「優律斯美」（Eurythmy）舞蹈藝術（林玉珠，2003）。1919 年第一所華德福學校在德國斯圖佳（Stuttgart）創立，為回應學校孩子的以人

智學為基礎之動作藝術課程所需，優律斯美成為一門課，供華德福學校學生進行動作藝術課程使用，性質上此期的優律斯美進入教育性優律斯美（Educational Eurythmy）時期。

二、治療性優律斯美課程

優律斯美另一個應用則是在 1921 年，從 1921 年起，史代納開始進行一系列的治療性優律詩美演講課程，從此治療性優律斯美便進入了人智學醫學的領域，並以其獨特的方式進行治療過程，透過專業醫生所診治的疾病能夠搭配一系列治療性的優律斯美動作來進行治療，藉由每日重複的節奏讓治療性優律詩美更有治療的效果，此時傳統醫學已經注意到治療性優律斯美對接受此課程者有持續鼓舞與回饋的影響。從那時開始，治療性優律斯美便被廣泛使用於世界各地的特殊學校、醫療診所等治療情境（譯自http://eurythmy.org/Article1.htm）。優律斯美具有治療的功能，透過治療性優律斯美，許多身體病變的病人或特殊兒童均能獲得具體改善的療效（林玉珠，2003），在性質上此種優律斯美屬於治療性優律斯美（Curative Eurythmy）。

綜觀整個優律斯美發展的演變，發現有三種類型優律斯美，一種是應用於一般律動及舞台表演藝術，另兩種是教育性優律斯美與治療性優律斯美。教育性優律斯美通常是以班級為單位，透過團體方式在進行，治療性優律斯美則以一對一方式進行（Bock, Reepmaker & Reepmaker, 2005）。

‧‧第三節‧‧　優律斯美課程之內涵

　　優律斯美是華德福教育的專屬課程，也是最具特色與治療效果的課程，它把人智學的理想在學校體系中加以實踐，不但適用於普通孩子，也同時適用於特殊孩子，內涵相當豐富。以下即以其課程目的、課程發展階段、課程方法，分析有關優律斯美植基於人智學的內涵。

一、課程目的論

　　優律斯美在華德福教學計畫中的地位就好像鹽之於湯一般（Glockler, Langhammer & Wiechert, 2007），優律斯美課程的意義與目的分析如下：

1. 意義

　　優律斯美（Eurythmy）源於希臘語，Eu 意思是好的、美麗的或者正確的，rhythmos 意思是度量、規律性或者形態，整個詞的含意可以理解為「美好形態的流動」，也就是「美麗的韻律」（beautiful rhythm），這是透過結合動作與音樂或結合動作與聲調，使其被感受到與看到，也就是說它是一種「看得見的音樂」與「看得見的語言」。

　　史代納認為身體是可以講話和表達豐富意義的工具，像嘴巴一樣說話、唱歌、吟詩和講故事等，但跟嘴巴不一樣，身體可以表達內心真實和豐富的話語（黃曉星，2005）。練習優律斯美時個人積極投入，可以感受到自己的精神和身體一起共同

工作，以促進自我（ego）的成長，而教育性優律斯美常以集體表演方式出現，這種方式可以感覺到他人的精神存在，同時，也是群體工作的最佳藝術組合。

優律斯美是以學習空間的形式及動作的方式進行，但其主要意義是讓兒童與青少年學習一般人所具備的能力，把那些他們在上其他科目以及日後生活所需的能力交付給他們，包括專注、學會傾聽、確實感知、學習意願、學習能力、品味、對真理的感知、為他人設想、手腳協調、沈著、快速作回應、能綜合整理較為複雜事物之間的關係、群體相處能力（Glockler, Langhammer & Wiechert, 2007），可見優律斯美課程活動的意義包含外在肢體動作的訓練，與內在情感與認知的開發，同時具備有調和其他科目的意義。

2. 目的

優律斯美在學校的功能不僅能作為活化班級學業的經驗，還可以幫助孩子透過動作來與思想、感情與意志作協調（Ogletree, 1997），進而刺激比較遲鈍與活動力差的孩子（DeVall, 1940），對普通與特殊孩子皆能產生潛移默化的效果。Adams（1997）指出優律斯美課程能達成以下目的：

⑴協助孩子發展空間知覺感。

⑵提供孩子內在本質與語言、音樂更深層的連結。

⑶增進文化的覺醒度與敏銳度。

優律斯美在形式上可以使用作為感覺知覺動作課程取材的內容，但其內涵更重要，其核心是體驗「韻律」，透過優律斯

美的活動引導學生去感受與體會，進而發展「自我」（ego）。
史代納認為：

> 我們在做優律斯美律動時，會回到原始的運動狀態。
>
> 優律斯美教育是以優律斯美律動來引發身體運動的特
> 定力量為重點，藉此使靈魂在道德層面、認知層面、感情
> 層面都有所前進。
>
> ▶資料來源：劉禧琴、吳旻芬譯（2003：78）

　　人的發展必須先透過手腳與身體的活動，才能刺激腦部
的發展，而優律斯美在形式上是手腳與身體的活動，在內涵上
則是使孩子經驗聲音的形和色及它律動的心靈力量（張宜玲，
2003）。

二、課程發展階段論

　　史代納認為人是身、心和靈的整體，並以七年為一階段的
發展，前三個階段（0～7歲，7～14歲，14～21歲）是成長和
教育的重要時期，教育應針對人的身、心和靈不同階段的發展
特點進行全人教育。此三個階段為：

1. 從出生到換牙前（0～7歲）

　　兒童的生命組織構成力主要用於建設一個健全和平衡的身
體，此時物質體（physical body）發展旺盛，特別要加強身體
的發展，也是意志（willing）的發展階段。

2. 換牙後到青春期（7～14歲）

在這個階段裡，兒童的生命組織構成力主要活躍在情感（feeling）的發展，兒童的意識已從環境中獨立出來，開始用自己的眼睛去觀察，兒童的感受能力比思考能力和分析能力來得快而深刻，抓住這個意識特徵，讓兒童充分去感受世界的美，來滋養他們的靈慧，並喚起兒童對人、社會和自然界的熱愛，此時教育的重點在刺激乙太體（Etheric body）的發展，此乃是為進一步培養獨立思考能力和判斷力提供成熟的感性基礎。

3. 青春期到青年期（14～21歲）

孩子進入 14 歲的青春期時，個人內在的精神與心靈世界開始覺醒，抽象思考、獨立判斷的能力也開始成長，星芒體（Astral）是發展的重點，也就是思想（thinking）的發展。到了21歲時，個體各方面漸臻成熟，一個能自我負責且具成熟社會能力的人格（ego）完成，才算是教育的完成。圖 6-1 是作者針對上述華德福教育之兒童發展階段論與四體論（物質體、乙太體、星芒體與自我）、三元論（身、心、靈）之相關元素之發展重點之整理。

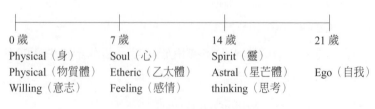

◎圖 6-1　人智學之兒童發展階段論

基於人智學對兒童發展階段理論，優律斯美的課程即按照孩子的年齡發展與年級來安排不同內容，一年級時應使孩子很自然地從遊戲中去形成動作來學習，此時學習字母是奠定閱讀的基礎，因此就可以透過優律斯美的動作來習得；二年級時仍繼續利用優律斯美的動作來連結字詞，但此時要求用字更精確，除此外，可以利用跑、跳等動作形構一些幾何的圖形與直線、曲線關係；三年級時則利用優律斯美的動作來發展空間概念，讓孩子能覺知他與環境之間的關係；四、五年級則介紹比較複雜的幾何圖形包括三角形、五邊形、六邊形與螺旋形等（Heydebrand, 1965）。

　　Adams（1997）曾為幼稚園到八年級的華德福學校學生編制適合其年齡發展之優律斯美課程，因為幼稚園階段的小朋友正是身體器官蓬勃發展的年齡，優律斯美動作的設計就以促進孩子身體的伸展為主，所以優律斯美的動作可由小動作後再朝大大揮動手臂與身體來作為設計的基礎，他將這樣的構想融入在二月正要進入春天的季節活動中，此時是大地復甦，萬物成長季節，優律斯美課程就可以透過編制有關種子發芽、百花齊放的韻文，將身體手臂伸展的動作融入，同時也可發展孩子的想像力。到了一年級，是開始換牙的年紀，孩子要開始展開新的班級生活，孩子的生日是最好的活動取材，可安排不同的扭動與轉動的動作，也可以透過介紹故事來進行優律斯美動作。這樣循序漸進，到了七、八年級，也就是13、14歲年紀，此時肉身（physical body）部分已經長好，靈魂（soul）要開始向上

長的階段，也就是情感（feeling）在肉體內自由浮動，個人意志力也逐漸出來，此時透過戲劇與莎士比亞的詩來設計優律斯美動作是適宜的。隨著學生對於肢體精確的控制能力，開始對幾何圖形進行暸解，到了 14 歲，學生應可發展出對不同詩體的鑑賞能力，因此優律斯美活動可融入諸如抒情詩、輓歌詩體、劇詩、喜劇等內容（鄭鼎耀譯，1997）。

　　通常優律斯美的配樂是現場彈奏鋼琴，因此老師必須具備相當程度的音樂素養，才能有效地選擇適合的音樂，現場需要琴師伴奏，但年齡較小學生的班級則可使用其他樂器（Bock, Reepmaker & Reepmaker, 2005）。Ogletree（1997）建議所選的配樂可以用巴哈、舒曼、莫札特和海頓等古典名家的古典音樂。低年級孩子的優律斯美配樂比較適合用巴哈的，因為巴哈的音樂像河流的流動，並沒有太大的情緒起伏，而貝多芬的音樂則情緒起伏較大，自我（ego）成分較多，適合使用於較高年級。至於特殊兒童的優律斯美課程，則必須參考學生的年齡外，也應視其學習狀況作調整；另針對某些類別的兒童則可施以個別的治療性優律斯美課程，不過治療性優律斯美課程必須由合格專業的優律斯美治療師來擔任。

三、課程方法論

　　優律斯美已經被視為華德福教育核心思想——「人智學」入門的途徑之一，優律斯美的創作工具就是人體，將所有的語言與韻律透過肢體動作來表達，其所呈現出的表現形式即是律

動，將聽覺上的音樂性轉化為肢體的語彙，它與語言音律的結合更為緊密，所以被稱為「看得到的語言」與「看得到的韻律」，因此致力於優律斯美活動可以學會如何正確地運用身體作為語言或音樂來表達自己，獲得一種在特定情況下以藝術方式處理心態的能力和技巧，這些呈現的結果主要是植基於華德福教育人智學的四體論、三元論與七年發展階段論等理論基礎發展而來，也因為這樣的基礎，影響了優律斯美取材與應用的方向。

◆第四節◆　優律斯美活動取材與應用

基於上述人智學的理念，設計優律斯美的課程就必須配合華德福教育對孩子發展年齡的思考模式、四體論與三元論等，以促進孩子達到其在身心靈發展的和諧，進而發揮其潛力。當我們移動手臂是屬於感覺的領域，移動腳是意志，所以當優律斯美運用音樂時，手臂代表韻律，腳代表節奏，手與手臂的姿勢向下可到達意志的領域，向上擺動到達思考的、靈性的領域，所以是連結天與地的（詹雅智、丁力蘭譯，2003）。具體而言，優律斯美課程之取材與作法的一些方向如下：

一、取材於大自然的韻律、節奏現象

優律斯美之所以成為華德福教育教學中的一項課程，原因之一是該課程重視呼吸訓練，這是因為星芒體的成長與人類神

經系統的整合和呼吸之間有非常重要的關係。優律斯美是以身體姿勢來表達「音」的感覺，或者也可以說「音」是以身體的姿勢呈現出來，於是無形地在韻律中達成呼吸的訓練（http://www.lapislazuli.org/TradCh/magazine/199802/19980208.html）。通常移動中所呈現出來整體的圖像，多會呼應於大自然的韻律（例如：花的開合、日月的升沈、萬物呼吸的脈動、海浪起與落……），此時可朝肢體與大自然節奏呼應為設計原則，透過學生本身與學生在整個團體的移動中「呼」與「吸」的動作加以設計，具備讓學生體驗到本身及個體與團體之間「呼」與「吸」的互動關係與結構，進而促進「自我」（ego）的成長。

　　優律斯美課程強調透過身體的律動與體內器官的內在律動、四肢的外在律動，及我們周遭的世界都保持著恆常的律動，例如：像地球、月亮及太陽等的天體運行，宇宙自然中沒有恆久不動的事物等，以刺激人體乙太體的成長，使孩子的身心達到平衡的境界。這種結合呼吸，以輕柔的、流動的方式呈現身體與自然的韻律互動，進而促進孩子身心靈的發展，它可以幫助人深刻地體驗與理解人類及大自然中存在的身、心、靈的流動。

二、音標與字母之語音特性應用

　　西方的語言由字母（alphabet）、母音與子音所構成，每一個字母都有它獨特的聲音，早期這些聲音的形成都蘊含著內在的意義在其中，每個字母所發出的聲音其背後是人類透過字母

來當成一種神─靈物（divine-spiritual being）之媒介，可惜經過長久的發展之後，人們卻遺忘了母音子音原有形成的內蘊意義，史代納則是透過優律斯美將母音子音原有的內在意義重現出來（Kirchner-Bockholt, 2004）。

人智學的觀點是每當我們發出一個聲音，在我們的內心就會產生一種看不見的「意志表情」，而這正是「優律斯美」運動想要表達出來的，使聲音成為「看得見」的「姿勢」，因此每個母音和子音都具有其特別的動作，例如純母音（啊Ah！噢Au！……）常是我們內在感受和情緒的表達，子音則是對外界事物的聲音模擬，例如：「轟轟」（murmelm）響、「咚咚」（donnern）鼓聲等（鄧麗君、廖玉儀譯，1998）。史代納認為「當我們研究音調、母音、子音、句子的結構與重音位置等，我們就能形塑能和說話與歌唱心智形象的溝通管道」（Steiner, 1971）。

史代納將母音和子音（德文字母）轉化為可以看得到的聲音，每一個字母或每一個音都有相對的動作，學生必須非常專心，並配合呼吸吐納來揮舞手臂和走步表現，例如母音「U」加以優律斯美化後，其動作是將兩手臂平行上舉再往下揮動，形成「U」的形狀（見圖6-2），上舉時吸氣，往下時呼氣，該動作配合音樂與呼吸，可增進協調、血液循環與對四肢的覺醒度。Glas（1971）指出，母音「U」的舞步動作對缺乏平衡能力的人及走路容易疲勞的人來說有改善功能，因為這種舞步設計能刺激足部。

◈圖 6-2　優律斯美之「U」動作

▸資料來源：出自 Ogletree (1976: 313)

　　其他的母音亦設計有相對應之優律斯美動作，例如「A」是雙腳打開穩穩的站立地面；「E」是兩手在胸前交叉；「I」是一手向上一手向下伸展；「O」是雙手環抱胸前去感覺溫暖。史代納認為「AEIOU」等母音可邊吟唱其聲調，邊做出動作，透過坐著、站著、走著，或在風中走螺旋形狀，可強化人體的星芒體（Vogel, 2007）。老師可以自編韻文將所有母音（AEIOU）置入其中，以形成語言式優律斯美，例如 Vogel（2007）所採用的方式如下：

　　A（ㄚ）：啊！頭上閃亮的星星啊
　　　　　　（Be a shining star above me）
　　E（ㄟ）：嘿！有一位天使在庇佑我
　　　　　　（Be an angel to protect me）
　　I（ㄞ）：噯！一道光芒引領我前行
　　　　　　（Be a guiding light to lead me）

O（ㄛ）：喔！一朵愛的玫瑰在我心中滋長

　　　　（Be a <u>rose</u> of <u>love</u> within me）

U（ㄧㄡ）：優！讓這種美麗燦爛穿透我

　　　　（Be the <u>beauty</u> shining through me）

　　同樣的，老師可以自編或採用現有韻文來與子音相連結，例如透過優律斯美的動作來學「s」時，可以創造出下列的順口溜：「Silversnake, silversnake, slide through the slippery grass」（Kimball, 1972），以手或腳以S型線條快速斜切。「b」的動作是懷抱姿勢（見圖6-3），像抱一個小嬰兒一樣，有關閉的意涵，手勢就要閉鎖等（鄭鼎耀譯，1997）。

◎圖6-3　優律斯美子音「b」之動作

➤資料來源：出自Ogletree (1976: 311)

　　作者彙整優律斯美子音的動作與意義，並以Ogletree（1976）與Kirchner-Bockholt（2004）之部分繪圖補助說明，但因優律斯美屬於動態的動作，要用文字或圖畫解說，仍是一

件不容易的事，故無法全部呈現。

◎ 表6-1　優律斯美子音之表意與動作

子音	意義	動作／功能	動作圖／備註
b	溫暖	雙手在胸前呈環抱狀，如抱嬰兒（baby）或花苞（bud）	
d	地	手心與腳心同時向前下方用力推	
h	光	雙手握拳、掌心向外，朝上面揮開，如同光線落在雙肩，將之抖落地面	
f	水	雙手往前推行，像打水漂般	
g	與外界連結	掌心向外，一手上一手下斜行，向外推開門窗般，手肘有力	
k		◎雙手用手刀往前切，如同國王（king）或砍（cut）的動作；也可用單手切 ◎有刺激消化系統功能（Glas, 1971）	
l	生命	◎雙手往前，由內向外開展，像從黑暗中誕生新生命（life） ◎有刺激血液循環，增進呼吸能量作用	
m	風	雙手伸直，右手向前、左手向後，分別往前後推，像風在流動	
n	氣	雙手同向前揮，像黏貼住一下空氣，再收起	
r		◎用兩隻手臂由身體兩側由下而上，以360度滾動，繞行，如車輪般繞行 ◎必須用德語發音，即用後舌根顫動做出發音般的花舌狀	
s		用手或腳以S形線條快速斜切，如蛇般繞行	

子音	意義	動作／功能	動作圖／備註
t	樹	雙手在頭頂上或肩上點一下，像長出一棵樹	
w	海	雙手往前像海浪般（整個手臂）前行	
ch	風	兩手伸至身體前方，往臉搧去一陣風	

▸整理自：Ogletree (1976) & Kirchner-Bockholt (2004)

　　優律斯美的字母動作也可利用來說故事，例如「b」的閉鎖手勢可以向聽故事的學生表示：當山羊們對敵人感到恐慌時，可以表達一個保護自己的動作，或是當山羊抵抗怪物時，則用「f」（像打水漂般，可單手、雙手或左、右腳）以表達憤怒，或用「a」表示打退怪物，來到解放美麗的牧場。這樣的講故事方式是一種非常吸引孩子的遊戲活動（鄧麗君、廖玉儀譯，1998）。

三、利用對比動作原則融入詩歌、故事中

　　老師也可選擇蘊含對比（例如上下、大小、明暗、長短、滿空等）意義的詩歌來傳達大自然中的韻律現象，並配合動作的韻律，促進身心的發展，例如英國詩人 William Blake 的〈天真之歌〉，就很適合作為優律斯美課程的取材，老師可使學生圍成圈，當吟唱代表小的自然現象時（如「一沙」、「一花」、「無限」、「剎那」），即集體往內走動使圓圈縮小，用手前舉再放下捧起手，當吟唱代表大的自然現象時（如「一世界」、「一天堂」、「掌握中」、「永恆」），配合呼吸，

再往後退放開，形成一收一放，由小至大，讓學生體會任何一個渺小的東西，都擁有無窮的奧祕的感覺，該詩的全部內容如下：

> 一沙一世界（To see a world in a grain of sand）
> 一花一天堂（And a heaven in a wild flower）
> 無限掌握中（Hold infinity in the palm of your hand）
> 剎那是永恆（And eternity in an hour）

在利用身體沿著圖形走步時，必須配合呼吸，此時在人體器官中，肺通過有機的縮張過程排出和吸入空氣，班級可以通過戶外的活動來進行這樣的體驗，孩子們圍成一個圓圈，圓圈縮小再張大再縮小，就像花朵向著陽光開放或合攏花瓣，整個班級，就像一個有機整體，有韻律的呼吸著。

Maria Fredrickson（http://eurythmy.org/Article2.htm）在她的文章〈獻給幼兒的優律斯美〉中深度闡述了針對學前兒童的優律斯美，她指出優律斯美的要素之一就是對輕重、明暗、喜悲、大小、快慢之間的區別的意識。Bock, Reepmaker & Reepmaker（2005）指出優律斯美適合融入在童話故事中，此時優律斯美可包含多種角色、姿勢與聲音，並創造出不同人物的情緒。

四、利用身體經驗幾何與數學

　　小孩子本性是喜歡四處亂跑、到處塗鴉，老師可將之融入優律斯美活動，進而帶出寫字的技能，例如讓孩子透過身體走或跑或跳直線、曲線、轉彎和圓圈，然後再讓他們畫在紙上，這樣的方式，小孩子就可以用整個身體發展出對各種形式線條的感覺（余振民譯，2005）。

　　優律斯美結合形線畫後，透過肢體的移動與身體的變化察覺到幾何（如身體走直線和曲線、規律前進後退踏步等活動體驗），形成所謂的「動態的幾何學」（鄧麗君、廖玉儀譯，1998；Jarman, 1998），或將數學的形狀、數字等概念透過優律斯美動作體驗出來，形成身體數學。例如在華德福教育中「8」是代表「無限大」的圖形，德國優律斯美講師 Berhand Merzenich 來臺講習時，其教法是在以貝多芬的〈月光奏鳴曲〉及巴哈「十二平均律」第一首的〈前奏曲〉為帶學生動作的音樂，大家圍成一個圈，隨著鋼琴彈奏的旋律，兩兩先後移動走位，走出「8」的舞步，隨著音樂的起伏，老師提醒同學做出身體的動作，以感覺收與放，個人與同儕、團體的互動，使身、心、靈朝向平衡的目標邁進（李翠玲，2008）。Berhand Merzenich 也利用蕭邦的前奏曲作品 28 第 6 號譜（圖6-4），隨著鋼琴彈奏的旋律畫出曲線（圖6-5），供同學起舞：

◎圖 6-4　蕭邦前奏曲作品28第6號譜例

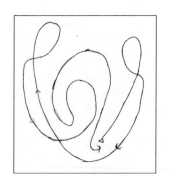

◎圖 6-5　蕭邦前奏曲作品28第6號譜之優律斯美走步圖

　　隨著蕭邦的鋼琴音樂旋律的進行，跳優律斯美的學生後來分為兩組，根據音樂旋律變化走步所繪線條圖形如圖 6-6，學生跟著所繪圖形敞開心胸走步，走步時配合呼吸與手部動作，一收一放之間體會了收縮和擴展的脈動，也用身體體會了曲線的感覺，同時個人與團體組別關係也漸漸建立起來，這是結合音樂、動作與幾何，逐步發展出身體幾何的模組。

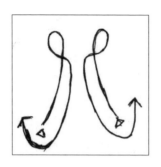

◎圖 6-6　根據蕭邦的前奏曲旋律繪製之兩組優律斯美走步圖樣

　　另外Vogel（2007）透過前踏步走與後踏步走，利用數字遞加與遞減的原則，讓身體感受到前進後退與動靜之間的韻律，以覺察數字與數量的意義，並由數數與前進後退踏步的搭配養成學生專心的目的，並習得數字與數量。作法是唸「1」時，即往前走1步，再邊唸「7, 6, 5, 4, 3, 2, 1」邊往後走7步，再邊唸「1, 2」，邊往前走2步，再邊唸「6, 5, 4, 3, 2, 1」，邊往後走走6步，直到最後往前與往後的數字對調時即停止。其方式如下：

1 往前踏步走	7, 6, 5, 4, 3, 2, 1 往後踏步走
1, 2 往前踏步走	6, 5, 4, 3, 2, 1 往後踏步走
1, 2, 3 往前踏步走	5, 4, 3, 2, 1 往後踏步走
1, 2, 3, 4 往前踏步走	4, 3, 2, 1 往後踏步走
1, 2, 3, 4, 5 往前踏步走	3, 2, 1 往後踏步走
1, 2, 3, 4, 5, 6 往前踏步走	2, 1 往後踏步走
1, 2, 3, 4, 5, 6, 7 往前踏步走	1 往後踏步走

◎圖 6-7　Vogel 前後踏步走和數字加減原則

▸資料來源：Vogel (2007: 93)

··第五節·· 優律斯美課程在特殊教育應用

第一次世界大戰之後，智能障礙者的教育和照顧開始受到重視，1924 年史代納爲十幾位醫生和老師提出一套特別的訓練課程，這套十二節課的訓練課程被編輯爲《治療教育課程》（***The Curative Education Course***）。在這本書中，史代納描述了病的對立性（polarity），針對治療做了全面的分析和解剖，並給醫生一些實踐例子和用藥的建議，這套訓練課程即爲特殊教育奠定了華德福教育方式的基礎。這套治療性課程中包含了治療性優律斯美的一些理論，也成爲日後治療性優律斯美課程發展的基礎。

Vogel（2007）爲各類特殊兒童包括過動兒、口吃、讀寫障礙、自閉症、受虐兒和水腦症者等，及弱勢兒童設計優律斯美課程並編輯成書，茲以視覺障礙與自閉症孩子的優律斯美課程爲例說明。

一、盲生

盲生因爲看不到外面的世界，所以他們要建構自己的世界，我們可以藉著相關的母音和子音動作引導他們進入環繞他們的空間，例如用優律斯美方式的字母來爲盲生建築一棟房子的過程爲：

◎表6-2　針對視障者所設計優律斯美母音蓋房子課程

房子結構部分	優律斯美字母	動作解析
房子的牆壁	U	將兩手臂平行上舉再往下揮動
屋頂	A	雙手打開，手心朝外，雙腳張開讓重心落在腳跟，會感覺臀部是下沈的
圓頂	O	雙手向前環抱，讓腳的重心落在腳尖，會感覺腹部是下沈的
關住的窗戶	E	兩手臂由上往下在胸前交叉
打開的窗戶	A	雙手打開，手心朝外，雙腳張開讓重心落在腳跟
人正踏步穿過門口	I	人直立，一手往前延伸，中間線會通過頭頂的百會穴直到腳底中的湧泉穴

▸▸資料來源：修改自 Vogel (2007: 188-189) 與 Ogletree (1976: 311-313)

　　Vogel（2007）形容表6-2的活動能透過母音的力量把視障孩子從裡面以空間包圍著他，而子音的力量則是從外面進到裡面，由裡層穿透到外，由外穿透到裡，內外兼治，以型塑出此人，對盲人而言具有治療的效果。Vogel 同時也列出多種治療性優律斯美活動以協助盲人發展「自我」，上述是其中的一種方式。

二、自閉症生

　　華德福教育視心智障礙學生的狀況是其自我（ego）未能完全進駐到他的肉身中，以致於無法在其體內起「主導」的作用，史代納說：「心智疾病（mental illness）造成其肉身（physical body）無法發揮功能，使得自我（ego）不再能自

行與身體器官合而爲一。」（引自 Vogel, 2007）自閉症的狀況是其「自我」的部分退縮，沒能充分發展出來，因此無法像正常的孩子透過模仿來學習，他們的四種人類所屬的形而下層的感官，包括觸覺（touch）、生命覺（life）、移動覺（movement）、平衡覺（balance）等功能不佳，尤以觸覺的問題最嚴重，因此優律斯美動作的設計即以開發這些感官的功能爲主，並以促進「自我」發展爲重點，Vogel（2007）建議可以透過身體地理（body geography）的優律斯美活動來增進自閉症學生觸覺的發展，以促進其自我的成長，例如以下列的句子並配合動作來進行教學活動：

我用雙腳與地面問安

我有兩眼、一鼻和一嘴

因此我能用我身體的所有方式去感受到這片土地

還有這雙手，oh！好快樂，他們是如此棒的人啊

（用全部身體下貼在地上）

在白天他們可以走路，在夜晚他們竟然全都看不到了

（雙手在背後）

Vogel（2007）除了提供視障孩子的優律斯美動作設計外，也同時爲過動兒、口吃、讀寫障礙、自閉症、受虐兒和水腦症者等特殊兒童及弱勢兒童設計優律斯美動作，可見優律斯美課程對特殊教育深具教育與治療的意義。在爲特殊學生安排優律斯美融入課程時，仍應該注意其身心特質的差異，須根據其特

性進行課程調整，而又因為優律斯美的動作必須配合呼吸吐納，因此在使用時亦需注意學生身體適應狀況，不要勉強實施。

‥第六節‥　優律斯美與其他相關活動比較

根據優律斯美的基礎與應用可發現，優律斯美與中國的針灸、太極拳目的相同，都是與「氣」有關，在應用方面則與感覺統合、體操等方面雷同，都是屬於動作方面的呈現，但之間仍有一些差異，茲說明如下：

一、與針灸差別

Mann（1972）指出 Steiner 所發現的乙太體與中醫所使用針灸的目的是雷同的。針灸是利用針來刺激穴道，目的是矯正體內不平衡乙太體的氣流，氣不順會導致身體健康的問題，使用針灸，將會活化氣血，使身體的器官重返平衡（Tiller, 1972）。優律斯美則是透過呼吸、移動位置，並結合語言、音樂來達乙太體在體內的平衡。優律斯美與針灸都是幫助個體達成體內乙太體的平衡，但方法上是不同的，優律斯美透過藝術運動方式，可由個人來活動與控制，是屬於內在的刺激，而針灸則是外在的、侵入式的。比較之下，優律斯美更接近自然的刺激乙太體的成長與平衡（Ogletree, 1976）。

二、與中國太極拳關係

優律斯美是透過體能律動，讓學生體驗到個體與團體之間「呼」與「吸」互動關係與結構，配合舞蹈、音樂或詩歌所呈現出來整體的圖像，以呼應於大自然的律動，目的在刺激乙太體（身體器官間的氣流，或稱生命體），達到身體發展的平衡與身靈合一，也就是中國人所說的「天人合一」、「神形合一」的境界，這個利用大自然韻律與人體呼吸的過程，就像是中國太極陰陽與吐納等的過程（Ogletree, 1976），兩者實有共通之處。Prescott（1999）指出，優律斯美就像中國古老的太極動作一樣，能促進孩子的對稱、平衡與專心能力。然而德國人將呼吸的原理使用於優律斯美，並透過教育實施，影響的層面廣，太極的原理所產生的太極拳卻發展成為健身運動，主要是老人家在健身使用，影響的層面不大，殊為可惜。

三、與感覺統合差別

優律斯美和感覺統合都屬於感覺動作訓練的形式，但優律斯美的內涵還包括藝術、語言與音樂等，且在工具的使用上，優律斯美強調身體就是最好的工具，即使要使用到其他的教具，也都以天然材質為主，包括木棍、銅棍等，比較貼近自然。而感覺統合所使用的工具則有專屬的懸吊系統、滑板、搖晃系統等，樣式多且材質多為塑膠，質感不同。

四、與體操差別

優律斯美與體操都是強調動作方面的活動，但兩者仍有差異存在，如果做體操動作（手臂伸展開來），將會有一種將兩手臂帶到一個水平方向的感受，如果跳起來，則會感覺到以身體的力量將身體向上移動，這些都是體操活動。但若感覺到擁有著一種內在體會的感受做出反應，則在這種情形下，內在的靈魂本質經由這個動作表達出來，一個人內在的自我展現出來了，這就是跳優律斯美時所生的現象，也就是展現了內在的自我。

優律斯美表達了人類對呼吸和血液循環有心靈這個領域之內的體驗，而在體操及運動時，我們則好像是一個充滿了各種線條及方向的架構去感受空間，在空間中我們跳躍，隨順而行，我們的器官也跟著一起行動；我們爬上一個樓梯或是拉著一條繩子往上爬。此時我們是依著外在的空間活動。

Bock, Reepmaker & Reepmaker（2005）指出體操是依據身體的法則來操控空間，以使人類的身體在地心引力狀態下能達到平衡，而優律斯美卻是透過內在靈魂（soul）的經驗來使身體在地心引力狀態下能達到平衡。

❖總　結❖

本章針對華德福教育之動作課程──優律斯美提出探討，一方面希望能提供感覺知覺與動作課程的參考，另一方面也希

望能對於從事多重障礙教育者提供反思。這種以「人」爲出發的教育系統在當今功利導向的社會，使我們能反省回歸教育的本質。史代納爲了將其「教育心靈學」的理論使用於教育，創立了優律斯美等相關課程，這種介於舞蹈、體操與儀式的韻律運動，透過兒童優美自律的動作與群體互動，有愉悅又不放縱的自由來舒展身體的韻律，成爲心理治療的借鏡，對特殊教育方面也是開山鼻祖之一（余振民譯，2005）。

·❖參考文獻❖·

✛ 余振民（譯）（2005）。Roy Wilkinson 著。**教育的藝術**（Commonsense Schooling）。臺北市：光佑。

✛ 李翠玲（2008）。特殊兒童感覺知覺動作發展與課程之新意探討。**國小特殊教育，45**，16-25。

✛ 林玉珠（2003）。娃得福幼教課程模式之理論與實踐。載於簡楚瑛編：**幼教課程模式——理論去向與實務經驗**。臺北市：心理。

✛ 張宜玲（2003）。托兒所英語教學實驗之行動研究：華德福課程在幼兒英語教學的應用。**幼兒保育學看刊，1**，122-147。

✛ 黃曉星（2005）。韻律舞（Eurythmy）——看得見的語言和音樂。**教育之道，2**。2008 年 6 月 30 日，取自 http://www.waldorfchina.org.cn/jyzd/index1.asp?id=45

✦ 詹雅智、丁力蘭（譯）（2003）。Renate Breiphl 著。孩子身體律動——晨圈動作的意義。人哲，**2**，8-13。

✦ 潘定凱（1998）。未來的主人翁——沃道夫教育系統與音語舞。**琉璃光雜誌**。2008 年 10 月 4 日，取自 http://www.lapislazuli.org/TradCh/magazine/199802/19980208.html。

✦ 鄭鼎耀（譯）（1997）。Roy Wilkinson 著。**善、眞、美的學校——華德福教育入門**（Questions and answers on Rudolf Steiner Education. The curriculum of the temperaments in Education）。臺北市：光佑。

✦ 鄧麗君、廖玉儀譯（1998）。Frans Carlgren 著。**邁向自由的教育**（Erziehung zurfreiheit）。臺北市：光佑。

✦ Adams, F. (1997). *Eurythmy for the elementary grades*. CA: The Association of Waldorf Schools of North America.

✦ Bock, R., Reepmaker, B., & Reepmaker, E. (2005). Eurythmy. In Martyn Rawson & Tobias Richter (Eds.). *The educational tasks and content of the Steiner Waldorf curriculum* (pp. 125-131). East Sussex: Steiner Schools Fellowship Publications.

✦ DeVall, (1940). Eurythmy, an art of the twentieth century. *Education as an art, 1*, 3-6.

✦ Fredrickson, M. (2008). Eurythmy ～ A look at eurythmy in the Waldorf School. 2008 年 5 月 12 日，取自 http://eurythmy.org/Article2. htm。

✦ Glas, W. (1974). *Speech education in the primary glades of*

Walodorf Schools. Wilmington, Del: Sunbridge College Press.

+ Glockler, M., Langhammer, S., & Wiechert, C. (2007). *Gesundheit durch Erziehung*《邁向健康的教育》。臺北市：歌德館出版社。

+ Heydebrand, C. (1965). *The curriculum of the first Waldorf school*. London: Steiner Schools. Fellowship.

+ Kimball, I. (1972). Movements in education, *Journal for anthroposophy, 15*, 52-56.

+ Kirchner-Bockholt, M. (2004) *Foundations of curative Eurythmy*. UK: Floris Books.

+ Mann, F. (1972). *Acupuncture: The ancient Chinese art of healing and how it works scientifically*. NY: Random House.

+ Ogletree, E. J. (1976). Eurythmy: A therapeutic art of movement. *The Journal of Special Education, 10*(3), 305-319.

+ Ogletree, E. J. (1997). Eurythmy in the Waldorf Schools. *Reports—Description, 141*, 1-11.

+ Prescott, J. O. (1999). A day in the life of the Rudolf Steiner School. *Instrutor, 109*(4), 21-25.

+ Steiner , R. (1971). *Eurythmy*. CA: Eurythmy Association of Southern California.

+ Tiller, E. (1973). *Energy fields and the human body*. AZ: Monograph, Association for Research and Enlightenment Medical Symposium.

✚Vogel，A-M. (2007). ***Therapeutic Eurythmy for children—from early childhood to adolescence***. MA: Anthroposophic Press.

第七章

腦性麻痺

腦性麻痺（cerebral palsy；簡稱腦麻或CP）是非進行性的神經肌肉損傷，原因是還未發育成熟的腦部中樞神經受損所致，一般認為腦部到了16歲才會發育成熟，16歲之後腦傷者大致上歸為中風患者（Batshaw & Perret, 1981）。也由於腦性麻痺是指16歲之前的年紀，是接受學校教育的年紀，在這段時間內，學校的老師與制度將面臨這些孩子入校之後的種種問題，而通常腦性麻痺學生除了動作方面障礙外，還兼有智能、語言等其他的障礙，是典型的多重障礙類型，因此學校必須對這類孩子的特徵與教育有所瞭解，才能有利班級教學與學生學習的進行，通常腦性麻痺學生必須進行復健，專業治療師有其專業來處理腦性麻痺的問題，然而考量學校教學實務需求，教師亦須對腦性麻痺有一些瞭解，本章即以教師本位出發，針對腦性麻痺學生的特徵類別、成因出現率、擺位、簡易復健方式提出說明與分析，期能使處理腦性麻痺學生之班級活動時更順利有效。

﹒﹒第一節﹒﹒　腦性麻痺的特徵與類型

腦性麻痺通常是屬於合併其他障礙的多重障礙障別，它是由於大腦中樞神經系統損傷所引起的運動機能障礙。由於運動機能受損，故形成姿勢、肢位、運動的異常及運動發展的遲緩。腦性麻痺的後遺症在外觀上可能造成肢體的麻痺，面部的扭曲及口水無法控制，同時常附帶有智能不足、視聽覺障礙、

語言障礙或知覺異常等障礙。腦性麻痺類別按肌肉張力來分類，大致可分為三大類：

1. 痙攣型：由於大腦皮質損傷造成肌肉張力高、僵直現象，上肢呈彎曲、下肢呈內收半彎曲及內旋之剪刀式型態。此類型約占腦性麻痺兒童之50～60%。

2. 手足徐動型：受損部位在腦幹，其所呈現之外觀為肌肉的張力一直不斷地在改變。約占20～25%。

3. 運動失調型：受損部位在小腦，所表現出來的動作不協調，專心做某一動作時，手及頭部會顫抖，走路時如酒醉步態。此類型約占腦性麻痺兒童之5～10%。

　　除以上三種主要類型外，腦性麻痺另還有低張力型，其損傷部位至今仍不清楚。大多數的腦性麻痺兒童為以上三類型之二或三類混合型為多。整體說來，雖說腦性麻痺患者常兼有其他障礙，但並不是所有的腦性麻痺都是智能障礙，表7-1是腦性麻痺者三大類型與特徵之歸納整理。

　　腦性麻痺的分類除以肌肉張力區分外，亦有以身體障礙部分區分，包括四肢麻痺、下半身麻痺、單肢麻痺、半身麻痺、三肢麻痺等；按照病情嚴重，亦可區分為輕度、中度與重度，輕度指患者可以獨立，動作看起來有些笨拙，但沒有明顯動作殘障，中度是指患者部分可獨立，但大部分動作仍需協助，重度則指患者大部分需仰賴別人幫助，以輪椅代步（胡順江，1992）。

◎ 表 7-1　腦性麻痺類型及特徵

類型		痙攣型 50～60%	徐動型 20～25%	運動失調型 5～10%
腦損傷 部位		大腦皮質	腦幹 腦基底核	小腦
特徵	肌肉 張力	肌肉張力高，易造成 骨骼變形、僵直	肌肉張力忽高忽低， 不容易整理出有效的 功能性動作	肌肉張力隨時在變， 但變化不大
	外觀及 姿勢	1.體型較弱小 2.肢體僵硬、背反弓 3.上肢常呈彎曲 4.下肢呈剪刀型（蹲 式）步態，墊腳尖 走路 5.肌肉張力高	1.體型較瘦 2.全身有不穩定動作 與原始異常的保 留，容易造成不對 稱的動作模式 3.臉部表情怪異、裂 嘴、伸舌、歪頭等 怪動作 4.嚴重者左右不對稱	抖動的手不容易做出 精細動作
	運動 功能	1.運動發展遲緩 2.肢體動作緩慢不靈 活 3.平衡反應遲鈍	1.頭、頸部控制很差 2.動作快而猛 3.不隨意動作很多， 自己不能控制動作 4.平衡反應很差	1.手眼協調動作很差 2.專心做某一動作 時，手部、頭部或 眼球會顫動 3.走路時搖晃不定， 如酒醉步態
	智能	1.75% 有智能不足 2.個性膽小、內向、 被動 3.適應能力較差	1.智力較好 2.活潑、外向 3.情緒不穩 4.注意力不集中 5.帶有攻擊性	1.70% 有智能不足 2.膽小、被動
	其他	1.70% 有斜視 2.50% 有癲癇	1.25% 有聽障 2.常會流口水 3.口齒不清	1.注意某物時，常有 眼球振顫 2.說話音調平

··第二節·· 腦性麻痺之成因與出現率

一、成因

腦性麻痺以往認為三大病因為早產、窒息及高黃疸，但由於腦性麻痺是由一堆不同原因的疾病所引起的症候群，這些症狀發生在產前、產中與產後，而傷到腦部所造成的後遺症，所以腦性麻痺是非進行性的疾病。茲以產前、產中與產後因素敘述如下，並說明可能的預防之道：

1. 產前

如果一再生出有問題的孩子時，遺傳的因素則要加以考慮。如有可能出現家族性震顫、家族性強直四肢麻痺。另外產前感染、缺氧、腦部出血、RH 血因子不合、代謝干擾等亦有可能造成腦性麻痺。據此，遺傳產前檢查與諮詢對高危險群家族而言，是重要的預防方式。

2. 產中

母親於生產過程中由於難產而導胎兒腦部缺氧、窒息、腦部受到傷害（產鉗或真空吸取）或早產，這些情況可能使孩子日後成為腦性麻痺，因此適度之產前檢查以預防生產過程胎兒太大造成產程的困難，是必須採取的措施，另在設備良好的醫院診所生產也是相當重要。

3. 產後

腦部受傷、感染、中毒、血管障礙、腦瘤、黃疸等。這些

因素中較常見者為黃疸，因為大部分新生兒在出生後的三、四天開始都有黃疸現象，大約在一週內會漸漸自然消退。若黃疸太厲害，血液中膽紅素已超過25%毫克，並侵入腦部，就有可能造成腦性麻痺之後遺症。但若一測出血液中膽紅素已超過25%毫克，即馬上進行全身換血，還是可以遏止腦部受到傷害，否則就有可能傷及腦部，造成腦性麻痺了。

除以上三類原因外，孩子發高燒、抽筋、腦外傷引請腦出血、嚴重腦震盪、腦血管障礙、重金屬中毒等，也可能造成腦性麻痺（中華民國傷殘重建協會，1990）。要避免腦性麻痺的問題，無論對胎兒與兒童在產前、產中、產後階段都不能輕忽，否則由於以上任一環節的疏忽而導致嬰兒的腦部傷害，以致於造成了表現在肢體上的運動障礙，形成腦性麻痺，將會造成終身的遺憾。

二、出現率

根據世界腦性麻痺委員會公布腦性麻痺的出現率為千分之二（葉瓊華，1989），據報告，每200個新生兒中有一個嬰兒是腦部受損傷而產生神經肌肉殘障，且隨著救生方法進步而使得早產兒增多，以至於腦性麻痺兒童有增加的趨勢（中華民國傷殘重建協會，1990）。

··第三節·· 擺位處理

　　對大多數人來說，日常生活中的動作是自然而然不需要經過很多的思考就發生，然而即使是最簡單的動作仍要靠感覺、動作與認知的整合而產生（Szczepanski, 2004），任何環節出了問題則無法做出有效能的動作。而腦性麻痺（簡稱腦麻）孩子由於大腦中樞神經系統損傷而引起運動機能障礙，也由於運動機能受損，故形成姿勢、肢位、運動的異常及運動發展的遲緩，造成生活效能的問題。針對其肢體的問題，如不加以處理，將導致身體更形惡化，進而影響生活與學習能力，因此擺位（positioning）常被視爲腦性麻痺學生首要處理的課題，儘管治療師能提供專業的擺位服務，但學生大多數時間在學校是與老師、學生在一起，因此老師仍應該對擺位的特性與處理要有基本的認識，才能增進學生參與班級活動的機會。以下即針對腦性麻痺學生常出現的擺位問題、處理原則與各種姿勢的擺位重點與應用提出說明。

一、腦麻孩子易出現的錯誤擺位

　　擺位是指在一個良好的骨骼位置排列及降低不正常肌肉張力的姿勢下，運用輔具提供身體支持或抗重力的刺激，來促進身體動作控制的活動。輔具（例如：輪椅、助行器等）可提供身體支持來代償身體所缺乏的能力，使其他部分肢體的功能得以發揮，並讓使用者可藉由它發揮功能。正確的擺位對腦性麻

痺者而言是一種治療，其功能包括：

1. 維持正確姿勢，持續治療後效果。

2. 促進各方面發展。

3. 預防關節變形。

4. 方便照顧而進行有效率的日常生活。

腦性麻痺學生因為肢體的問題，包括過度高張與低張的肌肉張力所導致的姿態所形成的擺位問題，容易加重身體的變形，無法發揮生活功能與學習耐力，一般而言，腦性麻痺學生容易出現的錯誤擺位包括：

1. 仰臥或側臥時：頭會習慣性歪向一邊，背會反弓。

2. 坐時：如果椅子太高，腳踝僵直下垂，且習慣用跪坐姿勢，使得重心能較為穩動，這樣比較不會跌倒。

3. 站或走時：兩腳交叉，呈剪刀型步態，常踮腳尖。

這些不正常的姿態在早期如不加以處理，將會使孩子越來越習慣，等到定型之後，將來則更難以處理，因此愈早發現孩子肢體的異狀，愈早處理則愈有利孩子日後的發展，老師與照顧者應該對擺位的原則與各種擺位姿勢特性進行瞭解。

二、擺位原則

一般腦性麻痺的小孩，因為不正常反射的影響，容易有一些錯誤的姿勢（連淑華、高愛德，1987），因此必須進行擺位的處理。在擺位之前必須先考量擺位的元素，包括：⑴選擇符合所要進行工作類型所需的動作姿勢；⑵在此姿勢下之承

重力與平衡；⑶在此工作項目中所需的協調動作（Orelove & Sobsey, 1991）。擺位的原則依據姿勢的種類、時間與應用時機之需求，可歸納爲下列幾點：

1. 每天要用不同姿勢一段時間。

2. 每45～60分鐘變換一次姿勢。

3. 在執行一般的日常生活活動時，如攬抱、餵食、穿衣、洗澡、遊戲、睡覺、衛生訓練……等，都要注意小孩保持一個正確的姿勢，以避免不正常的動作型態與肌肉張力出現。

4. 當進行擺位時，如果發現孩童出現疼痛、疲倦、不舒服、不良動作反應時，則要暫停擺位。

　　根據以上擺位原則，老師與照顧者對於各種姿勢也應該有通盤的瞭解，以利腦麻學生在班級的學習與生活，例如以何種擺位安排腦性麻痺學生在班級聽課是較爲舒服又能發揮學習的功能，以何種擺位洗滌餐具較爲恰當，睡午覺時，何種擺位與配備能減少腦麻學生背部反弓現象等。

三、腦麻生之各種擺位

　　教師如在任教班上遇到有腦性麻痺的孩子時，應對這一類孩子的特徵與各種擺位姿勢要有一些基本的了解，如此才不會造成強人所難或對這些孩子產生運動傷害之事，例如腦性麻痺孩子坐的姿勢來說，在標準坐（大小腿呈90度坐在椅子上之姿勢）、側坐、盤坐及雙腿往前伸直的長坐等姿態中，長坐是

最困難的，因爲這樣的姿勢會加倍刺激身體的屈肌（李翠玲，1998），此時老師就不應該勉強腦麻學生做出此一動作。因此在爲腦麻孩童進行擺位處理前，除對擺位的基本原則應該有所瞭解外，也應先對各種姿勢進行瞭解其優點與缺點，以作爲評估孩童擺位需求之參考，表7-2、表7-3與表7-4是腦麻者在各種擺位姿勢之優點、缺點與調整之道之整理。

1. 臥姿

　　臥姿是最普遍的休息姿勢，腦性麻痺孩童可能因爲身體的肌肉張力問題，造成背部反弓的現象，無法發揮休息的功能，因此在進行擺位時，針對各種臥姿需以輔具協助擺位，例如側臥板、枕頭……等，並更進一步形成日常生活功能的姿勢，包括躺在楔型板上看電視、看書等活動。表7-2是肢體障礙者臥姿之各種優點與缺點與調整。

◎ 表7-2　腦麻者臥姿之優缺點與調整

姿勢	優點	缺點	擺位調整之道
俯臥 	①屬於正常休息或作日光浴姿勢。 ②不需要動作控制能力。 ③促進軀幹與臀部的伸展能力。	①可能引起窒息，較不適合年紀較大、或有心肺問題之病患。 ②頭轉向一邊，刺激身體的不對稱感。 ③刺激屈肌。 ④功能性活動受限。	①頭部：轉向一邊，胸下放小枕頭。 ②上肢：肩部外展、外轉，手掌握毛巾捲。 ③下肢：將枕頭放在小腿下方，使膝蓋微彎。 ④腳指尖垂直向下，但不要碰到床面。

姿勢	優點	缺點	擺位調整之道
仰臥	①屬於正常休息或日光浴姿勢。②僅需要一些些的動作控制能力。③沒有窒息的危險。④能維持身體對稱。	①頭會習慣性歪向一邊，高張力。②抑制呼吸的延長姿勢。③只能看到天花板的視野。④功能性活動受限。⑤無法翻身。⑥缺少抗重力。⑦背會反弓。	①可在膝下加一小毛巾，以防止膝關節過度伸直。②大腿外側加毛巾捲，以防止大腿外轉。③頭部儘可能維持在中間位置。④利用枕頭、毛巾等協助維持頭部穩定。
手肘支撐臥	①鼓勵頭、手臂與軀幹控制。②具備較佳之視野。	①刺激屈肌。②刺激身體過度伸展。③易疲勞姿勢。④限制手部的使用。	需要楔型板、滾筒與沙包為輔具。
側臥	①正常休息、看電視、看書姿勢。②不會刺激不正常的肌肉張力。③改進身體直線。④手被導引到中線位置。	①需要大量設備。②只能提供側邊的視野。③少許功能性活動。④臀部側邊骨頭受到擠壓。⑤背會反弓。	①輪流側躺兩側為原則。②枕頭高度以維持頭部、頸椎及身體在一直線上為原則。③兩腿間可加一枕頭。④上方手臂則放在一枕頭上，供維持較放鬆、舒適體位。

2. 坐姿與跪姿

在教室中坐姿是最常使用的姿勢，除此外在進行吃飯、玩耍、遊戲、看電視、店員工作、上廁所坐馬桶、開車時需以坐姿來進行這些日常活動，而如果在矮桌玩耍、做園藝工作、洗桶子、清理衣櫥的姿勢時可使用跪姿。腦性麻痺孩童所需的坐姿擺位輔具能讓腦性麻痺者的進食與遊戲更為方便（劉倩秀，1999）。表 7-3 是肢體障礙者坐與跪姿之各種優點與缺點與擺位調整方式。

◎ 表 7-3　腦麻者坐與跪姿優缺點與調整

姿勢	優點	缺點	擺位調整／備註
側坐	①從手、膝與跪變換姿勢時容易支撐身體。②當換邊時，促進軀幹轉動與臀部轉動的範圍。	①可能使身體的不平衡更嚴重。②當患者臀部或軀幹較緊時，可能需要一手或兩手支撐。	兩邊交替坐。
盤坐	①支撐面積大。②對稱的姿勢。③兩手可空出來進行活動。	①轉換為其他姿勢時，比較困難。②屈肌會增強。	需注意不可駝背。
長坐	①支撐的面積大。②可以預防抽筋。	①腳筋太緊者，無法做出此姿勢。②可能刺激軀幹屈肌引發痙攣。	①需注意不可駝背。②對腦性麻痺者是最難的坐姿。

姿勢	優點	缺點	擺位調整／備註
跪坐或 W 坐	①容易轉換為其他姿勢。②支撐穩。③雙手空出。	①增進臀部、膝蓋與腳踝的變形。②減低交互變換動作、重量改變與軀幹轉動。	
標準坐	①屬於正常姿勢與設備。②容易轉換為其他姿勢。③轉換為其他姿勢時,只需少量調整。	①可能無法提供腳部、軀幹臀部足夠的姿勢②可能過度使用。③椅子高度太高時,腳踝會僵直下垂。	①椅子的高度要使小孩的髖、膝保持 90°,腳板可踏平的姿勢。②桌面的高度,應該是當手臂放於桌面時,不會造成聳肩或肩下垂的現象。③桌面上可挖半橢圓形的洞,使學生坐入桌面。
三角椅	①可協助抑制過度伸直的動作,對痙攣性麻痺或徐動型患者很有幫助。②可以把雙手空出來做兩側性動作,精細動作技巧及手眼協調訓練。③可使下肢均勻承重,可促進頭與軀幹的控制。		角椅椅背為三角形,為軀幹需要支撐的小孩提供支持,座椅有兩副安全帶可穩固軀幹,且底部有平底長木條可增加穩固性。

姿勢	優點	缺點	擺位調整／備註
	④可控制肩胛骨、軀幹、骨盆、膝、踝關節於正確姿勢。		
滾筒座椅	①減低臀部的剪刀變形，降低下肢張力。②可增進軀幹的伸直。	①裝備繁瑣。②轉換為其他姿勢困難。	
輪椅	①同時可進行擺位與移動處理。②調整能控制大部分姿勢的問題。	①輪椅價格昂貴、複雜。②造成過度仰賴輪椅。	
跪	①促進軀幹與臀部控制。②增進臀部關節活動。③雖然膝蓋屈肌攣縮，仍可做出此一姿勢。④臀部關節穩定。	可能導致膝蓋骨發炎。	

　　維持小孩的骨盆在一個穩定有些微前傾的擺位，是坐姿的基礎，因為骨盆的位置會影響頭部、頸部與軀幹維持在中線（Szczepanski, 2004），骨盆、臀部與大腿提供身體其他部分坐姿的基座（Colangelo, 1999），因此坐姿與身體的一些部位有密切關係。腦性麻痺的坐姿有時必須依賴輔具，除表 7-3 的調整輔具外，另有餵食椅、可調式擺位椅供腦性麻痺者在不同用途擺位使用。

3. 站姿

站立需要支撐點，站著學習可獲得良好的學習成效，對下肢僵直痙攣的學生，站著可以有效降低下肢痙攣程度，同時下肢也同時獲得承受身體重量的經驗，而前庭系統、本體感覺也得到刺激（王呈瑞，1997），這種姿勢有著復健的功能，除此外，在生活需求中，站姿也可提供聽課、看電視休閒與洗滌等功能，表7-4爲各種站姿的分析。

◎表7-4　腦麻者站姿優缺點與調整

姿勢	優點	缺點	擺位調整
前傾站	①促進軀幹與臀部控制。 ②站立時能穩定住臀部關節。 ③空出正常工作表面。	①可能刺激曲張力。 ②需要笨重設備。	使用站立架，需兩腳。分開、髖、膝要伸直，腳板踏平，手要拿到前方。
後仰站	①促進軀幹與臀部控制。 ②穩定住臀部關節。 ③雙手空出來工作。 ④頭部支撐。	①可能刺激伸肌張力。 ②可能無法觸及工作表面。 ③設備較笨重。	
垂直站立	促進軀幹與臀部促進軀幹與臀部較大量的控制與平衡。	①兩腳交叉，墊腳尖。 ②設備較笨重。	

　　根據上表，腦性麻痺孩子的正確擺位可朝下列幾個方向去調整：

　　❖臥

　　⑴俯臥：可趴在楔型板或枕頭上。

　　⑵側臥：可使用側臥器，兩邊要交替。

　　❖坐

　　⑴三角椅：比較嚴重的小孩，可以使用這種椅子。

　　⑵標準椅：高度要調整成使小孩的髖、膝保持90度。

　　⑶盤坐：對不會側坐或長坐的孩子，選此姿勢可與小孩在地面上玩。

　　❖站

　　可使用俯臥站立架，需注意兩腳要分開，髖、膝要伸直，腳板要踏平。

　　為了增進孩子走路的機會，照顧者可使用學步車，但要注意對正常孩子或發展遲緩兒來說，學步車都只是方便照顧者的一件工具而已，對動作發展並沒有正面的效益，長時間坐在裡面反而會限制孩子發展出新的動作或減少力量的使用。

四、擺位在校活動之應用

　　腦性麻痺孩子的動作能力個別差異大，因此急需一份針對其肢體狀況設計的個別化肢體管理計畫（Physical Management Program），此時專業團隊成員必須考慮以下幾點來規劃（Rainforth, 2003）：

1. 何種功能性目標能讓這一小孩達到最大地參與於他所在的教育環境？

    ❖**其動作目標應該以擺位控制能力與在下列領域的功能所需為焦點：**

    ⑴坐姿參與教室活動。

    ⑵變換姿勢。

    ⑶移動。

    ⑷手臂與手部的使用。

    ⑸溝通。

    ⑹個人照顧技巧。

2. 何種特定動作技巧需要被發展出來以使其獲得功能性目標？

3. 不正常的肌肉張力是否干擾其參與活動所需的動作？有無健康考量？如果是，那要如何加以強調？

4. 這個孩子是否需要一份擺位計畫功課表嗎？

5. 每一位專業團隊成員在執行 IEP 計畫時，其角色為何？

6. 這些目標在融合教育環境中要如何達成？這些目標要如何在日常作息中自然地發生與被強調？

　　以上所提之擺位計畫功課表是以班級活動為設計，那到底什麼樣的在校活動適合用什麼樣的擺位？而擺位時需用到的設備與器材是什麼？Orelove 與 Sobsey（1991）認為針對各種活動有其可能要用到的擺位與配備，彙整如表 7-5。

◈ 表 7-5　不同擺位的活動與配備

擺位	活動	標準配備
俯臥或仰臥	休息、曬太陽	墊子、床、枕頭、楔形板、滾筒、沙袋
側躺	休息、看書、聽音樂或看故事	側臥板
肘撐頭臥姿	看電視、看書	楔形板、滾筒、沙袋
跪	在矮桌子上玩、園藝、洗桶子、清潔衣櫥	跪箱、調整俯臥站立架或桌或拖盤
坐	飲食、玩桌上遊戲、看電視、店員工作、裁縫工作、上廁所、開車	輪椅、三角椅、標準椅、板凳、改良式馬桶、車座、桌子
站	在鏡子前梳妝打扮、洗碗、煮飯、燙衣服、打掃房子、運動、走動	前傾站立架、站立箱、助行器
其他		抱枕、固定帶

　　針對個別孩子的需求所設計的擺位計畫可提供孩子多樣化的經驗以符合其個別需求，此一擺位計畫可配合個別化教育計畫（Individualized Education Program; IEP），並透過專業團隊的評估與實施，融入班級活動的作息中，例如一位多重障礙國小生的在校擺位計畫可以安排如表 7-6。

　　為腦性麻痺孩子設計的擺位計畫不應一成不變，應該隨著孩子的發展與課程的內容隨之調整，因此擺位計畫應定時檢討與調整，若需要時，還必須每週調整，透過專業團隊開會，設計出最適當的擺位計畫。

　　腦性麻痺學生因為肢體障礙的緣故，其過低或過高的肌肉張力如不加以處理，則難以有效參與班級活動，因此腦性麻

◎表 7-6　爲一位多重障礙國小生的擺位計畫

節次	活動	擺位
早自修	抵達學校	坐在輪椅
第一節	生活教育（洗碗訓練）	前傾站立架
第二節	實用語文	坐在半橢圓形桌面椅子
下課	上廁所	從坐姿轉換爲後仰站，並將雙腳固定好
第三節	實用數學	坐在半橢圓形桌面椅子
第四節	藝術與人文（回歸普通班）	俯臥在楔形板畫圖
午間	午餐、午睡	坐在輪椅吃營養午餐、側臥午睡
第五節	休閒教育（園藝）	跪
第六節	休閒教育（音樂）	側臥彈奏電子琴
下課	上廁所	從坐姿轉換爲後仰站，並將雙腳固定好
第八節	回家	坐在輪椅

痺學生的擺位是班級老師必須處理的要務，有必要時，還要加上輔具來協助學生做出有效的擺位，但輔具的使用必須謹愼評估，因爲過少的輔具可能無法支撐住孩子的身體，但過多的輔具又可能造成學生養成依賴，且笨重的輔具可能造成在公衆場所與衆不同的感覺，有礙社會化，因此仍應該以最少的輔具使用爲原則。

⋯第四節⋯ 簡易復健

　　醫療復健牽涉到治療的專業，必須經過專業的訓練，然而腦性麻痺學生在學校就讀期間，教師仍要面對腦性麻痺學生的肢體障礙問題所衍生在學習與生活的問題，但治療師主要在醫療體系，無法隨時到校提供服務，老師與照顧者應可就一些基本訓練方法來協助這些學生，因此簡易復健可就直接幫助兒童在他們殘障的限制之下，獲得身體的、社會的、情緒的和職業的最大可能效果。在進行簡易復健時，其原則包括：

1. 需長期抗戰，經由不斷的練習，使習慣化。
2. 需符合身體發展的順序來訓練。
3. 簡單者可由照顧者來操作，較複雜具誘發性的運動者由專業治療師實施。

　　以下就簡易復健部分之手功能訓練、關節活動與放鬆運動為例說明如下：

一、手功能訓練

　　手是人類探索與學習最佳的工具，透過手才能寫字、畫圖、操作與接觸探索。良好的手功能需具有：良好穩定的手臂動作、良好的抓握能力、良好的拇指動作能力、良好成熟的手指操作能力，使學生能習得操作文具、儀器能力，並能自如地探索、學習（王呈瑞，1997）。而腦性麻痺因為身體運動機能的問題，導致手功能的受限，因此亟需進行手功能訓練，而

手功能訓練對腦性麻痺者而言有下列好處包括：⑴誘發出正常的肌肉張力；⑵促進正常直立的姿勢；⑶促進正常的動作型態（Orelove & Sobsey, 1991）。手功能發展不只是靠上肢的動作控制能力，還需要依賴其他粗動作的發展以及視力、知覺和認知的發展，因此在進行手功能訓練時不能只著重手部訓練，其他相關部位亦應一併考量，才能達到成效。中華民國傷殘重建協會（1990）指出，手功能訓練的基本動作包括：

1. 抓握圓木棒

　　這是基本的抓握訓練，兒童抓握圓木棒，但注意是由四指指尖來控制並固定拇指位置，如圖7-1。

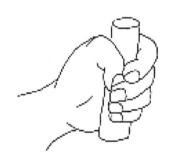

◎圖7-1　抓握圓木棒

▸資料來源：中華民國傷殘重建協會（1990：54）

2. 抓握方塊

　　用大拇指及食指抓握，如圖7-2。

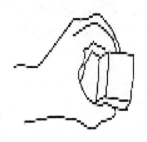

◎圖 7-2　抓握方塊

▸資料來源：中華民國傷殘重建協會（1990：54）

3. 撿小珠

　　用大拇指及食指撿小圓珠子。

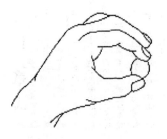

◎圖 7-3　撿小珠

▸資料來源：中華民國傷殘重建協會（1990：55）

4. 拇指張開

　　把大拇指往外拉，其餘指頭均會伸直。

◈ 圖 7-4　拇指張開

‣‣資料來源：中華民國傷殘重建協會（1990：55）

　　手功能的靈活關係到持握器皿進食、穿脫衣褲、遊戲與生活功能所需，對孩子而言十分重要，因此應該當成腦性麻痺孩童的訓練重點，在訓練時應注意到由易而難的、由長到短、由方到圓形的順序來進行訓練。同時訓練時以較好的手為重心，不需要勉強孩童用右手。手功能訓練最後的目的是使孩童達到進行綜合性、連續性與功能性的動作，以增進其生活功能。

二、關節運動

　　為了避免腦性麻痺兒童關節硬化、攣縮，應該為他們進行關節運動。如果孩童的情況較為輕微，可引導孩童自行進行關節運動；但對比較嚴重的孩子來說，他們無法自行活動，則必須由他人進行，是為被動運動。做此運動時，速度要慢，力量要緩和，因為太快或動作太大，會使小孩痙攣程度增加。以不痛為原則，且容許因關節縮緊而微痠痛的感覺，基本上每個動作可做十下，一天做三次（吳良青，1995；連淑華、高愛德，

1987），茲以上肢關節運動與下肢關節運動說明如下：

1. 上肢關節運動

⑴手伸直舉到靠近耳朵旁。

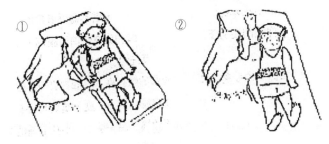

◎圖7-5　肩關節運動

▸資料來源：連淑華、高愛德（1987：11）

⑵肘伸直──屈曲，伸直時要伸到完全。

◎圖7-6　肘關節運動

▸資料來源：連淑華、高愛德（1987：12）

⑶腕及手指一起屈曲——伸直張開。

①　　　　　　　　　　②

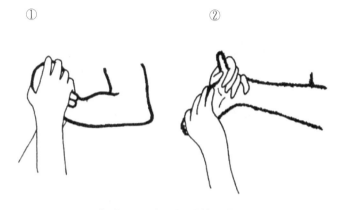

◎圖7-7　腕及指關節運動

▸資料來源：連淑華、高愛德（1987：12）

⑷手指關節運動：針對每一根手指的關節部分以指關節為
　中心，前後拉擠該指關節，以促進指關節的刺激。

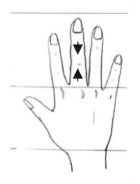

◎圖7-8　指關節運動

2. 下肢關節運動

(1)腳彎曲到靠近腹部。

◈圖7-9　髖關節運動之一

▸資料來源：連淑華、高愛德（1987：13）

(2)腳伸直往外張開約45度，再合起來。

◈圖7-10　髖關節運動之二

▸資料來源：連淑華、高愛德（1987：13）

(3)膝伸直做踝關節運動。

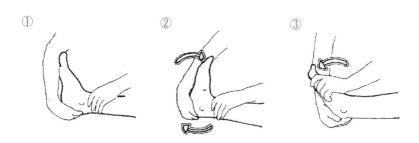

◈圖7-11　踝關節運動

▸資料來源：連淑華、高愛德（1987：14）

　　除以上所舉例之關節活動外，照護者也可視需要針對身體
其他的關節部位，例如：軀幹、腕、手指、膝關節、足部關節
進行向上、向下、向前、向後和旋轉的動作，或可利用按摩刷
協助該運動。

三、放鬆運動

　　放鬆運動是針對身體肌肉張力較高的孩子，使其肌肉能放
鬆，以免變形。主要以仰臥或側臥的姿勢來進行，敘述如下：

1. 仰臥的姿勢下

❖方式

將小孩的雙腳伸直，髖彎曲至腹部，左右緩和的搖動。

◈圖7-12　仰臥放鬆運動

▸資料來源：連淑華、高愛德（1987：15）

2. 側臥的姿勢下

❖方式

⑴固定小孩下面的腳的髖伸直、膝屈區 90 度；上面的腳的髖伸直、膝屈區 90 度。

⑵小孩的上半身可主動或是輔助的做向前向後旋轉的動作。

◈圖7-13　側臥放鬆運動

▸資料來源：連淑華、高愛德（1987：16）

　　復健的方式在增進肌力、耐力、活動力與伸展性，除以上活動外，按照發展次序尚有孩童頭部支撐訓練、上臂動作訓練、肌力訓練、耐力訓練、活動力與伸展性訓練……等等。此

外，腦性麻痺造成運動機能的障礙，會影響腦性麻痺孩子說話的功能，因為說話須透過口腔肌肉的靈活運動，腦性麻痺患者受到此等限制，故他們大都有語言障礙，甚至有嚴重到一句話都說不出來者，其溝通方式也許只能靠筆談或溝通板。估計這類孩子語障的比例達 70% 以上，因此他們亟需接受語言治療，經統計約 50～75% 的此類小孩可透過語言治療而改善。而腦性麻痺也易造成學習困難，故需要特殊教育的介入，因此腦性麻痺的復健與教育需要專業團隊的介入與輔導。

❖ 總　結 ❖

罹患腦性麻痺的兒童常合併其他障礙，複雜性高，個別差異大，亟需專業治療，因此應對腦性麻痺的特性與成因有所瞭解，並進一步針對其情形選擇適合的療育措施，除特殊教育的介入外，還需要復健治療等專業。復健部分並非教師專業，因此教師可就擺位與簡易復健部分進行瞭解，以促進學生在學校的學習與適應。

❖ 參考文獻 ❖

✦中華民國傷殘重建協會（1990）。**多重殘障兒童照顧及訓練技術手冊**。臺北市：中華民國傷殘重建協會。

✦王呈瑞（1997）。教育系統中的職能治療。載於**桃園縣 86 學**

年國中小身心障礙學生育樂營手冊（頁1-36）。桃園縣：大勇國小。

+吳良青（1995）。動作障礙兒童的功能訓練。載於**晴耕雨讀之錄**。高雄市：高雄市立啓智學校。

+李翠玲（1998）。腦性麻痺之認識與療育原則。**國教世紀，180**，8-12。

+胡順江（1992）。**復健醫學與護理**。臺北市：匯華。

+連淑華、高愛德（1987）。**腦性麻痺兒童家長及教師手冊**。屏東縣：屏東基督教勝利之家。

+葉瓊華（1989）。腦性麻痺兒童的機能訓練。載於**特殊教育教學實務研討會**。高雄市：國立高雄師範學院特教中心。

+劉倩秀（1999）。重度四肢麻痺腦性麻痺特殊輪椅擺位支撐輔具之療效評估。成功大學醫學工程研究所碩士論文，未出版，臺南市。

+Batshaw, M. L., & Perret, Y. M. (1981). *Children with handicaps. A medical primer*. Baltimore: Brookes.

+Colangelo, C. A. (1999). Biomechanical frame of reference. In P. Kramer & J. Hinojosa (Eds.). *Frames of reference for pediatric occupational therapy*. (2nd ed., pp. 257-322). New York: Lippincott Williams & Wilkins.

+Orelove, F. P. & Sobsey, D. (1991). *Educating Children with Multiple Disabilities: A Collaborative Approach* (2nd ed.). Baltimore: Paul H. Brookes.

+ Rainforth, B. (2003). Facilitating motor skills development within general education activities. In D. L. Ryndak & S. Alper (Eds.). *Curriculum and instruction for students with significant disabilities in inclusive setting* (pp. 217-238). Boston: Allyn & Bacon.

+ Szczepanski, M. (2004). Physical management in the classroom. In F. P. Orelove, D. Sobsey & R. K. Silberman (Eds.). *Educating Children with Multiple Disabilities: A Collaborative Approach* (4th ed., pp. 249-309). Baltimore: Paul H. Brookes.

第八章

盲聾教育

對視力損失者而言，聽覺變成主要的學習管道；對聽力損失者而言，視覺變成主要的學習管道。這種感覺替代的現象對既失去視力又失去聽力的人來說，要有效學習就更形困難，同時也影響了生活各個層面的功能。對教育工作者來說，教育盲聾生更是具備高度挑戰的工作，然而又盲又聾的海倫凱勒成功的故事，又說明只要有像蘇利文那樣的好老師與正確的教學方法，仍是可為的。本章即針對感官多重障礙學生與其教育提出探討，包括視多障、聾多障與盲聾多重障礙者。

··第一節·· 視多障孩子教育

由於定義與取樣的不同，視多障孩子的出現率也出現不太一致的數據，有些調查指出有59%的視障學生兼具其他障礙（Kirchner, 1959），有些研究則顯示42～90%的重度或極重度障礙的幼兒會同時有視覺障礙（Cress, Spellman, DeBriere, Sizemore, Northam, & Johnson, 1981），亦有研究指出40～70%的學前視障兒同時還有其他的障礙（Bishop, 1991; Dietz & Ferrell, 1993; Hyvarinen, 1988; Kirchner, 1989）。這些數據說明視多重障礙兒童的出現是不爭的事實，他們的入學勢必造成教師教學上的高度挑戰，因此有必要瞭解這類孩子的問題與教育。

盲是由於眼睛的問題而造成，而眼睛是靈魂之窗，眼睛的構造與照相機相似，眼睛有水晶體做鏡頭，有虹膜做光圈，有

網膜做底片，更有鞏膜當鏡箱。人類學習與生活功能仰賴視力甚深，眼睛與視覺的功能受損將導致學習與生活的困難，這些視障孩子是由於眼球構造受損或視覺過程的障礙而導致，視障的程度會因為眼球部位所具備功能受損而不同，其情形如下：

1. 眼角膜（Cornea）：位於鞏膜前端，覆蓋瞳孔，彎曲透明，是一種敏銳的透鏡。如受損，將會在光線進入眼睛時，因為讓太多的光進來，或所接受的光不足，而造成所見到的視像成扭曲狀。

2. 虹膜（虹彩 Iris）：內有細小的肌肉纖維，能調節光線進入眼球的量。如果受損，會使進入眼球的光線過多或過少，使視力受限。

3. 水晶體（Lens）：位於瞳孔後方的環狀雙凸透明體，由睫狀肌調整曲度，使遠鏡物體皆能成像於眼內。功能在使進來的光線能聚焦，如受損將導致所看到之物模糊不清。

4. 視網膜（Retina）：眼球壁最內一層，幾乎完全透明。如受損，將使進入眼睛之光線轉化為化電衝動作用失效，造成盲點，或限制視野。

5. 鞏膜（Sclera）：含纖維質的硬膜。

6. 視覺路徑（Optic pathways）：將視覺衝動傳送到大腦解讀，如受損，將會導致視力嚴重受限或視力消失。

7. 視覺肌（Visual Muscle）：控制眼睛的活動，如受損，將使得眼睛欠缺動作能力或協調。

　　除眼球的構造與功能受損導致視覺障礙外，腦部視覺區位

於腦部後面，主司視覺影像的成形，如果受損將導致無法辨讀所傳導進來的視覺訊息，而導致視力受限或無法出現影像。這些都是視覺問題的所在。圖 8-1 是眼球的結構圖。

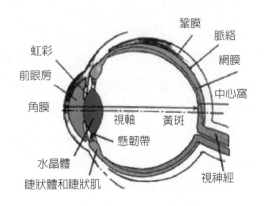

虹彩
前眼房
角膜
視軸　黃斑
懸韌帶
水晶體
睫狀體和睫狀肌

鞏膜
脈絡
網膜
中心窩
視神經

◈圖 8-1　眼球結構圖

當眼睛與視力受損時，就等於最重要的學習管道受到限制，此時必須從多方面加以補救，才能使學生進行學習的過程，Orelove 和 Sobsey（1991）指出，對視覺障礙為主的多重障礙之教育的幾個重點與方法如下：

1. 視力恢復到最大可能：有些狀況可以透過手術使視力恢復到一定程度。
2. 使用調整儀器幫助補償視覺的敏銳度：例如使用眼鏡、視覺機。
3. 環境調整與訓練以幫助孩子使用最大程度的殘餘視力。
4. 加強使用感官補償的訓練。

5. 減少使用需要用到要求視力的工作，包括：

　　⑴放大字體。

　　⑵針對綱要處以加黑字體來處理。

　　⑶減少不相關刺激的特徵。

　　⑷在主要刺激之間畫粗線。

　　⑸給學生更多的時間檢查教材或複習教材。

　　⑹儘量給予聽覺或觸覺的資料。

　　⑺提供替代教材以減少視覺的技能。

6. 進行定向行動訓練幫助孩子對環境的適應。

7. 利用行為與社會介入以幫助孩子融入社會情境。

·◆第二節◆· 聽多障孩子教育

　　以聽障為主的多障孩童近年來有增加的趨勢，報告指出有30.2%的聽障學生兼具其他障礙，而這裡面又有9.5%的孩子超過兩種以上障礙（Woff & Harkins, 1986）。其癒後情形與聽力何時損失有很大的關係，先天聽障的教育比後天聽障的教育困難，同時根據耳朵結構不同部分的功能受損情形，其影響學習的狀況也不同，傳音型聽障與感音型聽障的影響學習情況亦有差異。

　　耳朵的結構分為三部分，即外耳、中耳、內耳。外耳接受外界的聲音，並將沿著耳道引起鼓膜震動。中耳鼓膜的震動引起三塊小骨，即鎚骨、砧骨、鐙骨上震動，將聲音傳到內耳。

內耳可產生神經衝動，衝動沿聽神經轉為神經能，從那兒聲音的信息就傳到大腦。此外，內耳包含了一個非常重要的器官，即半規管。半規管是由三個相互垂直的小環所組成，專司頭部三維空間的平衡覺，當半規管有毛病時，可能產生眩暈的症狀（見圖8-2）。

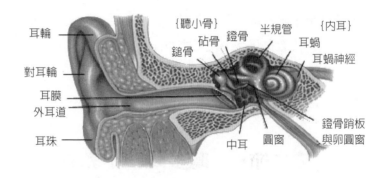

◎圖8-2　耳朵構造圖

Orelove 和 Sobsey（1991）指出，對聽覺障礙為主的多重障礙之介入的幾個原則與方法如下：

1. 聽力恢復到最大可能：有些狀況可以透過手術使聽力恢復到一定程度，例如耳蝸植入手術。

2. 使用儀器改進殘餘聽力，例如使用助聽器。

3. 發展口語與手語溝通技能。

4. 所有內容領域調整評量與訓練。

5. 發揮殘餘聽力至最大效能。

6. 發揮最大程度之社會與行為調整。

　　針對聾多重障礙兒童的教學策略，Silberman, Bruce 與 Nelson（2004）指出下列幾個方向是教師應該可以採用參考的：

一、聽能訓練

　　聽能訓練就是學習聽（Heward, 2003），其目的是改進孩子對聽力的使用，其功能是對環境聲音的知覺，以瞭解危險的信號，並能有效參與環境的活動，可透過下列方法訓練聽力的技能（Flexer, 1999）：⑴探測（當聲音出現時，能知道）；⑵注意（以特定的聲音為焦點）；⑶聲音位置（確認聲音的位置）；⑷追蹤聲源（改變聲音位置）；⑸辨聲（確認聲音的品質、強度、時間與強弱的不同）；⑹確認（確認、標記或重複聲音刺激的能力）；⑺理解（對所輸入聲音的意義理解的能力）。

二、語言方法

　　教小孩各種溝通方法，例如口語、手語或綜合溝通法。

三、其他教學策略

　　Downing 與 Demchak（2002）建議老師在融合教育環境中為了加強聾多障孩子與別人互動的策略，還可包括：⑴一次不

能跟超過一個人說話；(2)對孩子說話的距離約三到四英尺；(3)說話之前先要有眼睛接觸；(4)避免說話時動作過於誇張；(5)避免聲音過大與過慢；(6)學習所有表達的形式；(7)避免讓孩子面對窗戶；(8)與聽障者對話的人不可背向窗戶。

四、科技所扮演的角色

因應聽障孩子學習與生活所需，科技產品可以帶來方便，例如聽障專用電話系統、閃爍式電鈴、會冒煙的消防警示器、震動式鬧鐘等科技產品，這些科技產品為聽障者生活與學習上扮演著提升品質的角色。

·◆第三節◆· 盲聾生教育

盲聾生的教育是教育工作者不可忽視的，要從事教育盲聾生之前，應該先瞭解其在日常生活的行動特徵（潘德仁，1986），這可先從學生的外觀可觀察到與不可觀察到的行動來分辨其與常人之不同，潘德仁（1986）指出，盲聾生在這兩方面的特徵包括：

一、外觀易察覺的行動

1. 視障者之習癖動作

盲聾生容易不受外界刺激的影響，而自我刺激一直重複動

作，包括身體擺動、身體旋轉、用手指壓眼、手腳震動、用手向光源搖動、用手打自己的頭部。

2. 聽障者之特殊叫聲

突然發出高叫聲，這叫聲與普通的笑聲或哭聲有所不同，而是由身體內部發出刺激使聲帶發出叫聲來，這種叫聲往往使周圍的人聽起來難以忍受。

3. 動作及行動與普通兒童不同

有些盲聾生不會走路或整天躺著或只會爬，有些則只能在熟悉的環境中沒有目的地走，有些人走路的步態與常人也不太一樣等。

4. 不易分辨晚上及白天，以致使睡眠不安定。

5. 咀嚼力及嚥下力薄弱，而將食物含在口中不容易嚥下去。

6. 無法自行排便：因為難以用語言或身體來表示便意。

二、外觀不易察覺的行動

1. 在有光覺殘餘能力的盲聾生旁點火時，其頭部會轉向光源。

2. 睡覺時友人摸腳，他會伸出手想去抓他。

3. 吹電風扇時會想伸出手摸它。

4. 有時會突然起身向某一方向移動。

5. 對較熟悉的人會用動作來表示想擁抱他。

6. 在睡覺時輕輕牽他手時會立即起身。

7. 尿床時會自己脫去內褲。

8. 想上廁所時，有時候會把手放在下體或用腳踏或抓周圍的

人之手，要他帶去廁所。

盲聾生的主要溝通管道是「觸覺」，其使用原則是以落實於日常生活的教育內容為主，茲歸納如下：

1. 利用觸覺來進行步行與移動，培養對外界刺激適當反應之能力。

2. 培養日常生活基本習慣，以適應社會人際關係。

3. 學習以觸覺為主的各種溝通方法，例如手指語、點字等。

4. 建立以觸覺為主的空間概念。

盲聾生因為障礙與程度多樣化，在介入的方式上應以專業團隊合作方式進行，並設計專屬個人的個別化教育計畫（Individualized Education Program; IEP），再據以教學，融入學生學習活動中。Orelove 和 Sobsey（1991）指出，對盲聾生之介入的幾個原則與方法如下：

1. 合作主動的動作與反應（Co-active movement and responsiveness）：教師主動參與孩子的活動之中。

2. 將孩子每天作息結構化：建立每天的重要活動，使孩子建立起期待鎖鍊。

3. 特色化：協助串連起連結過程，使孩子被指認時能根據其特徵被認出來。

Van Dijk 與他的同事在 1960 年代中期發展出盲聾溝通的方式，主要是根據「給與拿」（give-and-take）公式為基礎，以激發出盲聾生與其對談者（父母、老師、同儕）交談的互動行為，再讓這種有結果性的對談逐漸變成孩子的溝通信號

（Silberman, Bruce & Nelson, 2004）。MacFarland（1995）認為 Van Dijk 的方法主要是利用下列七個策略為基礎，包括共振（Resonance）、共主動動作（Co-active movement）、物件參照（objects of reference）、特色化（Characterization）、系列記憶策略（Sequential Memory Strategies）、畫圖（drawing）、期望策略（Anticipatory Strategies）與信號溝通策略（Symbolic Communication Strategies）。

盲聾生的溝通問題是從事盲聾教育者必須急迫解決的問題，也是相當艱鉅的任務，長久以來相關專家亟思解決之道，Van Dijk 所提供的方法是其中的一種，除此外，以觸覺為基礎所發展出來的手指語也是盲聾生可使用的溝通方式，下一節即為目前臺灣盲聾生所使用的溝通法。

⋯◆第四節◆⋯ 盲聾生溝通法

在荷蘭曾進行一個研究，該研究證實盲聾孩子與其老師及照顧者之間存在著溝通兌換的困難（Janssen, Riksen-Walraven, & Van Dijk, 2003）。盲聾生在無視覺與聽覺的主要學習管道之下，在課程上能用的感覺能力只剩下觸覺、味覺與嗅覺，其中與學習最相關的應該是觸覺，而根據觸覺的原理發展出的溝通方式就是「手指語」，這也就是蘇利文老師啟蒙海倫凱勒的關鍵方法。

雖然觸覺是盲聾生學習的主要管道，但如果學生的聽力或

視力仍具備殘餘能力，仍可視為學習的輔佐。Prickett & Welch（1998）就認為，即使只剩下微弱的一點距離的視力與聽力，對發展個人概念與溝通來說仍能提供大量的支持。因此可就如何透過輔具將這些殘餘視力與聽力加以利用，以發揮其價值，仍是一個盲聾生溝通方面能力養成可以嘗試的課題，以下是盲聾生溝通方法與手指語溝通法的說明與分析。

一、盲聾生溝通方法

針對盲聾生，老師勿把自己想要求的表現急於去訓練，應該先把盲聾兒童剛剛發生的行動，加以瞭解並想辦法如何去跟他溝通與交談，也就是說把盲聾生內部的變化或反應能夠自發地表達出來，以及吸收外界來的刺激能表現或反應出來（潘德仁，1986）。

根據觸覺為主發展出的溝通發方式可分為下列幾種：

1. 觸摸（Touch）

指不用聲音語言的交談方法，例如用手摸一下對方來表達用意，也就是用身體的特定部位給予觸摸以示意（McInnes & Treffry, 1997；潘德仁，1986）。

2. 符號（Signal）

指由自己發出訊號來指示對方行動，與接受對方的訊號並服從對方之指示，在類別上包括點字法、手指語、震動法、印刷浮字、盲人閱讀器，其中盲人閱讀器是指將視覺上的文字轉變為觸覺上之浮字的盲用電腦，而手指語是盲聾生使用來

與外界溝通的主要方式（McInnes & Treffry, 1997；潘德仁，1986）。

3. 物件參照法（Object of reference）

　　物件參照法使用在特殊教育上至少也有二十年以上（McLarty, 1995），主要是透過物品的具體形象傳達溝通的訊息，尤其對盲聾雙重感官缺陷的孩子使用效果尤佳，物件參照法大致採用下列三種方式來作設計（Park, 1997）：

　　❖方式

　　⑴索引法（index）：用日常生活中常用的部分事件（event）或物品（object）為代表物。例如用「購物袋」代表「購物的活動」。

　　⑵圖像法（icon）：用一些視覺的（visual）或觸覺的（tactile）相似性來代表其活動。例如用「畫上湯匙的卡片」代表「飲食的活動」。

　　⑶象徵法（symbol）：象徵的符號和活動本身的關聯是任意的（arbitrary），主要視使用者的習慣來作安排。例如用「木製品」表示餐廳的門，亦即代表「餐廳」。

　　物件參照法使用於功課表可提供教師編排功課表的參考（李翠玲，2000），其強調觸覺的特徵，可使盲聾學生在教室的作息更結構化，也使他們更覺得有安全感，除可利用來作為觸覺式的功課表外，也可作為生活上的溝通媒介。

二、盲聾手指語

手指語是盲聾生溝通的主要方式，是利用手指與手腕之各種情形變化來發出訊號，對方也以觸覺來辨別受信（潘德仁，1986）。在臺灣手指語的使用方式是由臺中惠明盲校的老師所設計，茲針對其使用背景、學習方式與先備能力說明如下：

1. 使用背景

1972 年惠明盲校有兩位盲聾學生入學，一向以視障教學法為主的老師開始感覺困擾，於是該校便派周榮惠老師到澳洲北岩盲聾學校學習盲聾生的教育。周老師於 1973 年返國，便參照國內外相關手語與注音符號系統，配合視覺障礙兒童符號為原則，編成小畫冊，再經過當時教務主任潘德仁的細心描繪，便成為「盲聾啞手語」畫冊，即所謂的手指語。

2. 學習方式

手指語使用的規則方面，包括：⑴「一」的結合韻是往上提；⑵「ㄨ」的結合韻是彎手指；⑶「ㄩ」的結合韻是握手指；⑷聲母中ㄓ、ㄕ、ㄖ、ㄘ、ㄙ等七個單獨成音時，為避免與英文字 a、b、e、h、i、j 等字母混淆，故一律在這些聲母後面加上ㄦ韻。下圖為依據以上規則所設計之盲聾生所用之手指語：

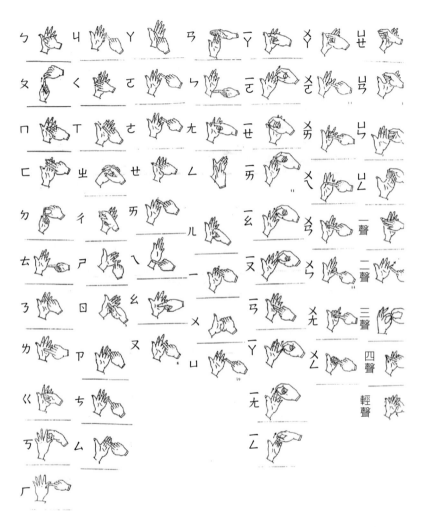

◎圖 8-3　盲聾手指語

3. 先備能力

　　由於此套溝通方法是參考國外英文字母手指語（Finger

Spelling）與國內注音符號系統設計出來，所以在學習這套手指語之前，可先熟練所有英文字母（ABCD……YZ）的 Finger Spelling 的打法（見圖 8-4）：

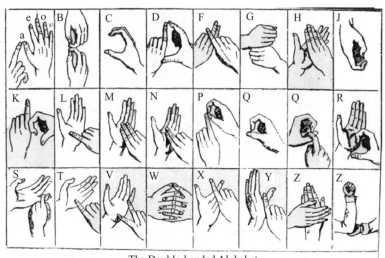

The Double-handed Alphabet

◎圖 8-4　英文字母手指語（Finger Spelling）

當對英文字母的手指語有概念之後，再就注音符號的內容與結合韻的規則建立基本概念，之後再來學手指語，就會很快上手，不過在練習的過程中仍要從生活來取材，也就是要重視其功能性的原則。

4. 練習

在習得這套系統後，可用以下方式做連結練習：

⑴生活動詞

　　例如：吃飯

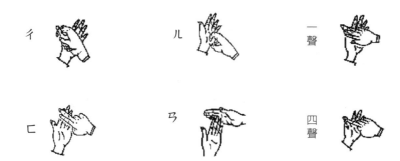

⑵生活名詞

　　包括人名、職業、日常用品。

　　例如：老師

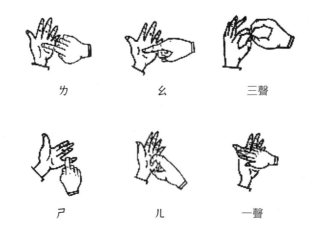

其他練習方式可用生活上的問題與回答，以激發其溝通需

求，或透過活動設計，例如歌唱活動等，設計說話情境，以加強其溝通類化能力，當然為了引起溝通的動機，家人與同學、老師的配合也是相當重要，否則盲聾生即使學會手指語，卻無人可以配合使用，仍無法達到溝通的目的。

基本上來說，透過觸覺來溝通雖然能達成盲聾生的基本生活表達能力，但觸覺有其基本的限制，因此在往更高層次的知能發展時，手指語就無法提供這樣的功能，因此就必須透過其他的溝通方式來提升（李翠玲，2007）。海倫凱勒在念大學時，針對大學課程的深度與難度，就必須加入點字技能來進行學習大學的課程，才能有效溝通與學習。

·◆總　結◆·

對老師與照顧者來說，教育盲多障、聾多障與盲聾多障生是具備高度挑戰的工作，學生個別差異大也導致其介入方法應該因人而異，而盲聾生的各種不同溝通方式更是教育不同類別與程度盲聾生要考量的重點，通常因為聽覺與視覺管道受限，觸覺為學習的主要管道，因此手指語是以觸覺為基礎所設計的溝通方式。除此外，盲聾生的殘餘聽覺與殘餘視覺能力仍是重要學習概念的支援，在溝通的技能上仍能提供有用的支持，應加以利用與啟發。

✤參考文獻✤

✚李翠玲（2000）。啓智班與資源班功課表之編擬。竹師特教簡訊，**29**，1。

✚李翠玲（2007）。盲聾生溝通技能探討。**特教園丁季刊**，**23**(4), 1-6。

✚潘德仁（1986）。**多重障礙兒童教育──盲聾啞兒童教育篇**。臺中縣：私立惠明學校。

✚Bishop, V. E. (1991). Preschool visually impaired children: A demographic study. *Journal of Visual Impairment & Blindness*, 85, 69-74.

✚Cress, P., Spellman, C. R., DeBriere, T. J., Sizemore, A. C., Northam, J. K., & Johnson, J. L. (1981). Vision screening for persons with severe handicaps. *Journal of the Association for the Severely Handicapped*, 6, 41-50.

✚Dietz, S. & Ferrell, K. A. (1993). Early services for young children with visual impairment: From diagnosis to comprehensive services. *Infants and Young Children*, *6*, 68-76.

✚Downing, J. & Demchak, M. (2002). First steps: Determining individual abilities and how best to support students. In J. Downing (Ed.), *Including students with severe and multiple disabilities in typical classrooms* (pp. 37-70). Balimore: Paul H. Brookes Publishing Co.

✦ Flexer, C. (1999). *Facilitating hearing and listening in young children*. San Diego: Singular Publishing Group.

✦ Heward, W. (2003). *Exceptional children: An introduction to special education*. Upper Saddle River, NJ: Merrill Prentice Hall.

✦ Hyvarinen, L. (1988). *Vision in children: Normal and abnormal*. Meaford, Ont. Canada: The Canadian Deaf-Blind and Rubella Association.

✦ Janssen, M. J., Riksen-Walraven, & Van Dijk, J. P. M. (2003). Toward a diagnostic intervention model for fostering harmonious interactions between deaf-blind children and their educators. *Journal of Visual Impairment and Blindness, 94*(4), 197-214.

✦ Kirchner, C. (1959). *Data on blindness and visual impairment in the U. S.* New York: American Foundation for the Blind.

✦ Kirchner, C. (1989). National estimates of prevalence and demographics of children with visual impairments. In M. C. Wang, M. C. Reynolds, & H. L. Wallberg, (Eds.), *Handbook of special education: Research and Practices. V3, Low incidence conditions* (pp.135-153). Oxford: Pergamon Press.

✦ MacFarland, S. Z. C (1995). Teaching strategies of the van Dijk curricular approach. *Journal of Visual Impairment and Blindness, 89*(3), 222-228.

✦ McInnes, J. M. & Treffry, J. A. (1997). *Deaf-blind infants and children-A developmental guide*. Canada: University of Toranto.

✦ McLarty, M. (1995). Objects of reference. In Etheridge, D. (Ed.). *The education of dual sensory impaired children*. London: David Fulton.

✦ Orelove, F. P. & Sobsey, D. (1991). *Educating Children with Multiple Disabilities: A Collaborative Approach* (2nd ed.). Baltimore: Paul H. Brookes.

✦ Park, K. (1997). How do objects become objects of reference? *British Journal of Special Education, 24*(3), 108-114.

✦ Prickett, J., & Welch, T. (1998). Educating students who are deafblind. In S. Z. Sacks & R. K. Silberman (Eds.), *Educating school participation who have visual impairments with other disabilities* (pp. 139-159). Baltimore: Paul H. Brookes Publishing Co.

✦ Silberman, R. K., Bruce, S. M.& Nelson, C. (2004). Children with sensory impairments. In F. P. Orelove, D. Sobsey & R. K. Silberman (Eds.). *Educating Children with Multiple Disabilities: A Collaborative Approach* (4th ed., pp. 425-527). Baltimore: Paul H. Brookes.

✦ Woff, A. B. & Harkins, J. E. (1986). Multihandicpped students. In A. N. Schildroth & M. A. Karchmer (Ed.)., *Deaf children in America* (pp. 55-83). San Diego: College-Hill.

第九章

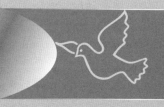

功能性學業課程

常常在與特教老師座談場合中，就會聽到特教班老師抱怨說：「不知道該教這些重度與多重障礙兒童什麼東西，教他們國語課文沒有反應，教他們1234等數字也沒有什麼反應。」在學校的課程中，通常傳統的聽說讀寫算等認知課程占了大部分，重度與多重障礙學生因為先天認知能力不足，要教傳統認知課程則不容易看到成效，但為了學生能融入團體與獨立生活，認知能力在生活上仍是相當重要的部分，不能輕言放棄。針對這些孩子的特性，認知課程的內容就必須調整方向，其內容重點應該著重在「功能性」（Falvey, Coots, Bishop, & Grenot-Scheyer, 1989; Giangreco & Putnam, 1991; Ford, Davern, Schnorr, Black, & Kaiser, 1989; Stainback & Stainback, 1992），也就是說認知的學業課程必須以學生所處的環境之需求來規劃，以生活化為設計的基礎，這是所謂的「功能性學業（科）課程」（Functional Academics）。本章針對功能性學科課程的設計之規劃與執行方法提出說明與應用。

··◆第一節◆·· 功能性學業課程理念

　　如果學生會分辨紅、綠色卡，但不會看紅綠燈；或會描寫自己的名字，但無法從全班的聯絡簿中找出自己的那一本，這些情形在啟智班是不陌生的（郭色嬌、徐淑芬，1998）。由此可見中重度智障學生的認知課程如循傳統的學業課程來設計，不易見出成效，唯有以「功能性」的方向才能與情境相配合，

以下是功能性學業課程的意義與目的說明與分析。

一、定義

　　什麼是「功能性課程」（Functional Academics）呢？Hamre-Nietupski, Nietupski 與 Strathe（1991）指出，在社區參與、融合等特教思潮的激勵下，對於智障生的教育方案應格外強調技能訓練，而閱讀、書寫、數學等學科技能亦應轉變為教導學生從事工作、休閒娛樂、社區適應等方面所需要的功能性讀寫算能力，此即所謂的「功能性學科技能」（functional academic skills）或稱「功能性學業」。也就是說，聽、說、讀、寫、算等認知學科的內容是以能幫助孩子獲得日常生活的技能，發揮孩子在生活環境中的能力。

　　當面對重度智障及多重障礙的孩子時，老師常會感到國、英、數等傳統基本學科難有教學成效，何處去找教材呢？其實生活中處處是教材，食衣住行育樂的經驗，和廚房開門七件事（柴、米、油、鹽、醬、醋、茶）等等的需求，都是取材的方向，把握住這些方向，再針對學生障礙的程度與類別作適當的調整，應該有助於學生認知能力的提升，並能使其生活的功能大為增強（李翠玲，1999）。

二、目的

　　教育的最終目的是協助重度障礙者發展與獲得必要的技

能，使其儘可能在很多環境中獨立生活，以發揮個人功能（Brown, Nietupski, & Hamre-Nietupski, 1976）。也因為要達成這樣的目標，學生必須要在成人的環境中生活發揮功能，因此學生就必須直接在那些環境中被教導（Grenot-Scheyer & Falvey, 1986），以達成融合教育的目標，因此功能性的學科技能就必須當成重度與多重障礙者的教學重點。茲針對獨立生活與融合教育的目標敘述如下：

1. 增進獨立生活

Zetlin 與 Murtangh（1990）在一份兩年的追蹤研究中發現，輕度與臨界智障學生在離校後，仍然無法獨立生活，這直接與學生無法有效應用所習得的語文有關。林千惠與何素華（1997）對於國中啓智班一年級新生的功能性讀寫能力的研究，亦發現類似的結果。可見智障生的功能性詞彙的習得，並熟練地將其應用在日常生活情境中，仍有相當重的問題存在。

功能性課程主張教導障礙者實際生活中重要而必備的活動與技能，使能參與多樣性的社會生活（Falvey, 1989）。也就是說，對重度與多重障礙的孩子而言，傳統認知課程的傳授，對他們的生涯發展意義並不大，傳授給他們生活上用得到的，才能促進學生獨立生活的能力，在此前提下，功能性的學業課程設計就顯得比傳統認知課程重要。

2. 促進融合教育

功能性的學業課程強調從生活來取材，這些能力關係到個人在社會生存的條件與生活品質，因此培養重度與多重障礙學

生功能性的學業技能才有利社會的融合，否則不易進行融合教育，例如到餐廳點菜或點飲料，如果不知相關的字，就會無從著手，吃不到想吃或想喝的菜或飲料；又如到雜貨店或超市購物，如果無法正確付錢，將無法用合理的價錢買到東西；過馬路時，「行人優先」、「停」、「禁止通行」等語字及標誌的認識，則關係到生命的安全。

◆◆第二節◆◆　功能性評量之途徑

在設計功能性學業課程之前應先進行功能性評量，如此才有助課程實施，林千惠（2003）認為啟智教師在執行功能性評量時，必須體認現階段標準化語文相關的評量工具的限制，並積極配合評量途徑，以期有效鑑別智障語文能力之優劣並偵測語文教學成效，包括以社區化、生動、功能性、提示、簡化等原則來設計學業的評量內容。Browder 與 Snell（1993）、Grenot-Scheyer 與 Falvey（1986）則是強調生態評量應視為功能性評量的主要原則，並據以編制功能性學業課程。

生態評量強調評量時應該遵循下列六個原則，包括：(1)目前學業上所需之基本技巧；(2)未來學業上所需之基本技巧；(3)關係到其他科目學習之需者；(4)學生實際年齡所需者；(5)學生在學科能力之學習速度；(6)學生本人及家長喜好者（Browder & Snell, 1993）。郭色嬌與徐淑芬（1999）分析學生在家庭、學校與社區等環境所需的技能，並安排下列活動：

1. 家庭生態：一般作息、居家休閒、居家應對、居家清潔、處理食物、處理衣物與維護健康等活動。

2. 學校生態：將一般作息、上課、下課、學校對應、做體能活動、做唱遊活動、做美勞活動、使用學校各處室、做教室清潔活動與參加校內外活動。

3. 社區生態：上、下學、使用社區設施機構、和社區人士相處、從事室內休閒活動、從事戶外休閒活動、購物、在外用餐、使用大眾運輸工具、和親友往來、過節慶與看醫生等活動視為社區活動。

在生態中有關的人，例如父母／監護人、社區人士、老師及非殘障同學等等，都可列入訪談對象，據以瞭解學生應教的相關字彙，這種方式是以生態評量來檢驗所要教給學生的字彙或詞彙是否合乎功能性，以使得學生不論在現在或未來的環境中，都能儘可能發揮功能。

經過針對學生進行的功能性評量，將有助編制此生之功能性學業課程，以幫助學生增進讀寫算等功能性學科能力，以下即針對功能性語文課與數學課編制的方向與內涵分析如下。

◆第三節◆　功能性語文

透過上述功能性評量，尤其是針對學生生態實施評量，以找出學生在其生態中所需要用到的聽說讀寫技能，這樣的方式將有利學生達成功能性語文課的閱讀。閱讀理解書寫的課程設

計重點歸納如下：

一、閱讀技能

　　語文課的目的主要在培養聽說讀寫的能力，以培養孩子擁有功能性的閱讀能力來說，Johnson（1982）就指出在語文科中，培養閱讀能力時應考慮下列的重點：⑴閱讀以獲得資訊，例如認讀路標、在電視節目表中找到自己喜歡的節目或天氣預告中瞭解天氣狀況；⑵閱讀以完成任務，例如遵照食譜的順序來做菜或做點心、依照購物表所列之物品來拿架上之貨品、在電話簿上找到要打的電話，或依照遊戲卡的說明書來完成遊戲過程；⑶閱讀以達成娛樂休閒目的，例如能從各戲院的電影名稱中選到想看的電影、在五花八門的雜誌架上找到自己想看的雜誌，或在唱片行中選到喜歡聽的唱片、錄音帶或 CD；⑷閱讀以找到工作及維持一份工作，例如能從報紙的求才欄中找到可能工作的地點、會使用時鐘來做時間的安排、使用公車路線，及在點心時間能從販賣機中選用適當的點心或飲料。

　　Grenot-Scheyer 與 Falvey（198）則認為要讓孩子朝功能性的方向來認字的話，則要考慮到下列要項：⑴學生年齡：以能與同年齡之非殘障兒童一同學習，將有助於學習之效果；⑵學生現有能力：以能先瞭解學生的能力，才能使老師規劃出適當的閱讀課程；⑶語文及溝通能力：學生的語文及其溝通能力關係到認字的內容，以作為與他人溝通的橋樑；⑷學習型態偏好：一般來說，如無特殊狀況，學生會偏好以視覺為主要學習之管

道，但也有因特殊狀態，有人偏好聽覺學習或觸覺學習，這些特點對老師來說都是在擬功能性閱讀課程時應考慮的；(5)功能性：閱讀的功能性程度是決定閱讀內容的重要關鍵。例如到雜貨店去購物的內容比在學校學些無關的字、詞、句子要有用得多；(6)閱讀調整模式之程度：最後要考慮的重點是所安排的閱讀模式是否在社區、在學校、在家中、在遊戲場或工作上都用得到，如果沒有，就應考慮做適當之調整。

Falvey 與 Anderson（1983）指出，在選擇功能性認讀的字時，必須考量三個 W（what, How, where），包括：(1)該教什麼（what）字：此字是否具功能性、適齡、符合目前及未來需要、可跨場合、與非障礙兒童使用相似、能促進獨立、能符合學生最多類需要、能考慮到文化／家庭的需要、能常用到；(2)如何（How）來教：此字可否用各種不同的方法來教、能激發學生的動機、能依據學生所擅長的學習型態來教、能在非殘障學生在場時使用；(3)在哪裡（Where）教：此字能在自然的場合出現時來教、能在學生所處的環境中面對不同的人來被教和使用、能在不同的場合來做溝通等。

著眼於生活所需，以下九個方向是功能性學業取材之內容（Lichtman, 1974）：

1. 路標與標籤：路標、衣服標籤、藥籤、布告等。
2. 時刻表與表格：電視節目表、公車時刻表、火車時刻表、飛機時刻表、上班排班表、學校功課表。
3. 地圖：城市名、街名、地球儀、天氣圖。

4. 分類表及目次：電話簿、書目錄、求職（才）廣告、字典。

5. 熱門話題：運動報導、新聞報導。

6. 廣告：百貨公司、電話簿、飲食店、雜誌。

7. 技術文件：銷售合約書、保險單、保證書、房屋契約。

8. 說明書：食譜、工具（機械、儀器）使用說明書。

9. 填寫表格：銀行表格、工作申請書、汽車申請、信用卡申請、醫院申請表格。

　　以上生活上的九個主題，可以視爲編制多重障礙學業課程的取材方向，李翠玲（1999）即以此九大生活主題，蒐集了在臺灣目前生活上的有關聽說讀寫資料，並挑出字彙作爲實用語文的教材。

二、書寫技能

　　對重度與多重障礙寫字的課程考慮，首先要考慮適齡的原則，例如 4 歲的孩子可以仿畫圖形，6 歲的孩子可以開始寫名字，10 歲的孩子可以學在邀請函的信封上寫地址。因此如何爲孩子準備符合其年齡與功能性的寫字課程，才有助於其潛力之發展，尤其是對特殊兒童而言（Grenot-Scheyer, Eshilian & Falvey, 1989）。

　　對重度與多重障礙的孩子而言，調整寫字的工具將有助於動作不良而影響寫字的情形，例如對腦性麻痺的孩子來說，利用電腦的相關軟體來進行寫字訓練，比拿鉛筆在紙上寫有用；

另外利用沙畫來做描字練習或在給家人的生日卡上描寫名字，這樣的練習有助於習得描寫技能；當描寫技能已經習得，即可進行仿寫練習，最後達成獨立書寫的能力。

··第四節·· 功能性數學

決定數學內容的傳授，要先分析何種數學技巧對促進孩子的算數技能最有幫助，這些分析包括要教孩子什麼算數技能、這些技能如何來教，如果有必要，還要瞭解這些技能及順序如何做調整，以使學生所學有意義及符合功能性的要求。以下即以「生活化」與「生態評量」原則編制功能性數學課程的方式。

一、生活化

Falvey（1986）指出，重度障礙者的數學課程可從孩子生活周遭來取材，例如一位中學生的數學透過瞭解其生活環境，可設計有關的數學活動，以使其達到：⑴能依指示在集會中排在第二的位置；⑵在個人的行事曆中辨認日期；⑶比較學校內五十種以上形式接近辦公室的東西，以備將來就業對辦公室之瞭解；⑷能數出並以硬幣及卡片配對來做就餐之準備；⑸在商店中用計算機決定貨品的價格；⑹在工作的場合中使用時間卡以決定休息時間的結束。

透過以上的分析將有助於學生算數技能的習得與使用，而這些技能要偏向功能性與實用性。

二、生態評量與工作分析

透過生態評量與工作分析步驟亦有助於數學技能的習得，以下的例子是準備食物的生態評量與步驟。

1. 領域：家庭

2. 環境：群居家庭

3. 次領域：廚房

4. 活動：做晚餐

   ❖活動一：準備菜單

   ⑴技能一：決定做餐內容（漢堡、沙拉）。

   ⑵技能二：決定所需食物之份量。

   ❖活動二：準備做馬鈴薯沙拉

   ⑴技能一：閱讀食譜。

   ⑵技能二：拿出所需材料；拿出所需用具。

   ⑶技能三：拿出六顆馬鈴薯放在水裡煮。

   ⑷技能四：定時為 35 分鐘。

   ⑸技能五：洋蔥切片。

   ⑹技能六：洗 3 根芹菜，再切 3 英吋長，並切碎。

   ⑺技能七：冷卻馬鈴薯去皮，對半切，再切成 1/4，再切成 1/8，和芹菜、洋蔥一起放在碗中。

   ⑻技能八：量出 4 茶匙的沙拉醬和 1/2 茶匙的胡椒粉。

從以上做菜的需要，透過生態的評量，可知數數（3 根芹菜）及分數（1/2, 1/4, 1/8）的概念都是生活上的數學，也就是功能性及意義化的數學。針對生活上這些數學題目即可作為編

制重度與多重障礙學生的數學課程，這些從生活取材來編制數學的課程，對教育這些重度與多重障礙學生的老師而言有很大的意義。

由以上過程之順序與所涉及的相關因素，可以看出生態評量的方式是有助於功能性學業技巧的發展，而 IEP 更是功能性課程指導的標準，使其發展得以每年調整，以符合學生個別之需要。

三、常用的功能性數學主題

教師在選擇具備功能性特質的數學課程時，有幾個主題是屬於一般性數學內容，包括金錢使用技能、時間管理、一些數字的認識（例如電話號碼的使用）、使用基本的電腦計算功能與測量等。

·◆總　結◆·

普通學生學業課程主要是根據兒童的發展來編寫編序課程，這是屬發展模式，但由於重度與多重障礙兒童的成長較為緩慢，且彼此之間個別差異大，如果以普通孩子所使用的學業課程來循序教學，就不適合重度與多重障礙兒童，因此唯有在讀寫算的教學活動與教材中能合乎功能性與適齡性特性，才能促進重度與多重障礙孩子獨立生活與融合於大眾的功能。

┈◆參考文獻◆┈

+ 李翠玲（1999）。**特教班功能性學業教材**。新竹師院特教叢書第62輯。

+ 林千惠（2003）。智能障礙學生功能性語文能力之評量。**國小特殊教育**，**35**，9-16。

+ 林千惠、何素華（1997）。國中啟智班新生功能性讀寫能力評估研究。**嘉義師院學報**，**11**，425-452。

+ 郭色嬌、徐淑芬（1998）。**國小中重度智障兒童功能性教學活動設計**。臺北市立師範學院特殊教育中心，特教叢書（74）。

+ Browder, D. M., & Snell, M. E. Funcatinal academics. In M. E. Snell (Ed.). *Instruction of students with severe disabilities.* (4th ed., pp. 442-479). NY: Macmillan.

+ Brown, L., Nietupski, J., & Hamre-Nietupski, S. (1976). The criterion of ultimate Thomas (Ed.), *Hey, don't forget about me: Education's investment in the severely, profoundly and multiply handicapped* (pp. 2-15). Reston, VA: Council for Exceptional Children.

+ Falvey, M. A. (1986). Community-Based Curriculum Instructional Strategies for Students with Severe Handicaps. Baltimore:Paul H. Brooks.

+ Falvey, M., Coots, J., Bishop, K., & Grenot-Scheyer, M. (1989).

Educational and curricular adaptations. In S. Stainback & W. Stainback (Eds.), *Educating all students in the mainstream of regular education* (pp. 143-158). Baltimore: Paul H. Brookers.

+Falvey, M.A., & Anderson, J. (1983). Prioritizing curricular content. In A. Donnellan,J. Anderson, L. Brown, M. Falvey, G. LaVigna, L. Marcus, R. Mesaros, P. Mirenda, G. Olley, & L. Schuler, (Eds.), *National Society for Children and Adults with Autism: National Personnel Training*, Module 3. Unpublished manuscript.

+Ford, A., Davern, L., Schnorr, R., Black, J., & Kaiser, K. (1989). Money handling. In A. Ford, R. Schnorr, L. Meyer, L. Davern, J. Black, & P. Dempsey (Eds.), *The Syracuse community-referenced curriculum guide* (pp. 117-148). Baltimore: Paul H. Brookes.

+Giangreco, M. F., & Putnam, J. W. (1991). Supporting the education of students with severe disabilities in regular education. In L. H. Meyer, C. A. Peck, & L. Brown (Eds.)., *Critical issues in the lives of people with severe disabilities* (pp. 195-217). Baltimore: Paul H. Brookes.

+Grenot-Scheyer, M., Eshilian, L., & Falvey, M. A. (1989). Functional Academic Skills. In M. A. Falvey(Ed.), *Community-based curriculum* (pp. 285-321). Baltimore:Paul H. Brooks.

+Johnson, F. (1982). Strategies to delineate related skill components of specific activities within subenvironments of specific environments. Unpublished manuscript, University of Wisconsin at Madison.

+Stainback, S., & Stainback, W. (1992). *Curriculum considerations in inclusive classrooms*. Baltimore: Paul H. Brookers.

+Zetlin, A., & Murtangh, M. (1990). Whatever happened to those with bonderline IQ's? *American Journal on Mental Retardation*, *94*, 463-469.

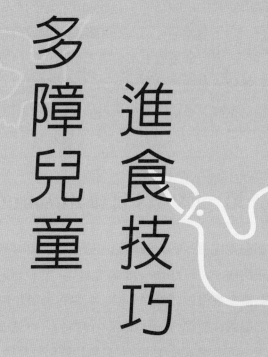

第十章

進食技巧 多障兒童

在重度與多重障礙兒童的生活技能中，進食是一項具有指標發展的技能，因為它關係到「存活」，然而因為重度與多重障礙兒童本身在口腔功能發展上的障礙，造成口腔反射動作的缺失或過期存在的問題，不利進食，同時其認知發展年齡參照皮亞傑的發展論是屬於感覺動作期（Inhelder, 1968），造成後續飲食能力與溝通技能習得困難，因此如何增進重度與多重障礙兒童的口腔功能，是攸關其生活的重大課題。針對這一部分，除了治療師可以進行相關的按摩與口腔運動外，特教老師亦可透過促進重度與多重障礙兒童口腔功能的食物與相關用具的購物單幫助孩子。本章即分析如何應用食物與用具的特性，協助重度與多重障礙兒童發展其口腔功能，以利生活照護實務。

·◆第一節◆· 口腔動作功能的發展

嬰兒從出生後數分鐘開始，直到發展出有意義的詞彙為止之口語前期（大約是10～18個月大），幼兒藉進食、哭、笑及各種刺激來獲得口腔動作經驗，以習得發聲和構音之口腔顏面器官之協調性與動作（林麗英，1989），可見口腔功能對孩子的生存、情緒與溝通發展皆有息息相關之重要性。

口腔功能的發展有其一定階段性，前一個階段成熟的基礎是下一個階段的發展。每一發展是連續而互相重疊，每個發展階段不能截然劃分（林麗英，1989）。口腔功能發展的第一階

段是新生兒透過嘴唇的閉合（sealing）、倒吸（vacuum）、原始吸吮（suckling）與吸吮（sucking）來獲得營養，大約是在嬰兒六個月大以前，吸吮的動作就會發展出來，最後再透過吞嚥（swallow）動作將流質食物送進肚子裡，使個體能成長，吞嚥是整合所有這些動作而成（Alexander, 2001; Alexander, Boehme, & Cupps, 1993; Eicher, 2002; Murphy & Caretto, 1999）。

　　口腔動作功能的第二階段則是針對半固體食物而發展，約於兒童6～7個月大時可以開始進行半固體食物的介紹，至於確切發展出第二階段口腔動作能力的時間，依據照顧者對孩子的期望與文化價值而定（Lowman, 2004）。剛開始兒童會使用對流質食物的吸吮動作來對固體食物做出反應，此時因為口腔功能的第二階段能力尚未發展成熟，因此造成大部分半固體食物被兒童的舌頭推出去，但漸漸地小孩會習得在他們的口裡使用舌頭與雙唇，來從湯匙中取食物（Alexander, 2001; Alexander, Boehme, & Cupps, 1993）。

　　口腔動作功能的第三階段是針對固體食物而言，此時孩子逐漸發展出咬斷（bite）與咀嚼（chew）的能力。大概在 5 個月大時，大多數的嬰兒開始出現原始咀嚼能力（munch），亦即使用下顎上下動，舌頭亦隨之上下動型態（Lowman, 2004）。接著出現環繞咀嚼（rotary chewing）動作，也就是舌頭與下顎結合的共同動作，並取代原始的咀嚼（munch）型態（Morris, 1978）。當牙齒長出來時，咀嚼的功能更能有效發揮，不過整體而言，在孩子成長的6～9個月前，臼齒還沒有

長出來以前，咀嚼的口腔功能型態可以說完全或幾近發展完成（Lowman, 2004）。

此時也可以開始讓孩子使用茶杯來喝水，剛開始孩子可能使用吸吮型態來做出反應，但慢慢地他們會習得舌頭的控制動作能力，讓流質（如開水、牛奶）能在吞入之前，先在口中停留一段時間。

儘管原始吸吮（suckling）、吸吮（sucking）、原始咀嚼（munching）、咀嚼（chewing）與喝水（drinking）等動作是獨立的口腔動作功能型態，是依據次序發展出來，但在進行飲食活動時，這些型態會混合出現。這些有關正常口腔動作發展的基本型態，提供了對多重障礙兒童所產生的不正常口腔動作瞭解的線索，而這些認識將有助於提供適當的介入策略（Morris & Klein, 1987）。

··◆第二節◆·· 影響進食問題原因

飲食技能被認為是最具功能性與最常使用到的自我照顧技能（Farlow & Snell, 2000），然而重度與多重障礙兒童由於感官與身體異常的關係，多有進食的問題，包括腦性麻痺、重度智能不足兒童的口腔功能障礙，進而影響進食、流口水與口語能力。Motion、Northstone、Edmond、Stucke 和 Golding（2002）調查 14,000 位腦性麻痺的新生兒，並追蹤四週，結果發現他們普遍有進食的困難，也預測出他們將產生吞嚥問

題與營養不良的後續問題。Sullivan、Lambert、Rose、Ford-Adams、Johnson 和 Griffiths（2000）發現在英國 Oxford 地區的中重度發展障礙幼兒呈現出進食的問題，包括在進食時有22%的孩子會嘔吐，有56%的孩子會哽到，28%需要延長進食的時間。這些現象造成父母與其照顧者將餵食這些孩子的工作視爲「壓力大」（stressful）與「不愉快」（unenjoyable）的經驗（Schwarz, 2003）。

之所以造成重度與多重障礙兒童進食困難的原因，主要是其口腔功能不佳，Orelove 和 Sobsey（1991）統整重度與多重障礙孩子口腔運動功能不佳的原因包括：

1. 不正常肌肉張力：過高的張力可能造成頭部、下巴、嘴唇無法有效使力，使得咀嚼的行爲無法完成；而過低的肌肉張力還可能再衍生出第二類問題，包括過低的肌肉張力無法維持頭部、頸部與軀幹的穩定性，因此無法擺出有效的進食姿勢。

2. 不正常的口腔反射動作與原始反射動作過期存在：有些孩子因爲障礙的影響，導致沒有在該出現的發展年齡中出現該有的口腔動作，造成進食的困難，或口腔反射動作過期存在，反而干擾後期的進食，例如根源反射（rooting reflex）、張力咬合反射（tonic bite reflex）或嘔吐反射（gag reflex）等過期存在，皆會造成進食的困難。

3. 口腔構造變形的相關問題：有些多重障礙兒童有唇顎裂的問題，會造成吸吮與吞嚥的困難。

4. 個人本身的學習能力問題：由於本身學習能力低下，無法透過經驗的累積與有效學習來達成進食的目的，包括：拒絕接受固體狀食物、幾乎沒有咀嚼就把食物吞下去、吃太久或太慢、張口吐舌等。

5. 上述四者問題的混合等，這些都會干擾口腔功能的正常發展。

在改善孩子的口腔功能技巧中，選擇適當的食物以促進其口腔動作能力是一項可行的方法，也是比較不涉及醫療的部分，有利老師或家長在課堂上或在照顧孩子時使用，但在使用前仍應該根據口腔功能的發展階段與孩子的障礙情形審慎評估，以便對症下藥。

◆第三節◆ 口腔動作功能發展障礙之評估與治療原則

進行改善孩子口腔動作之前，謹慎地評估有助提供個案所需要的療育計畫，評估的原則是依據口腔功能的發展次序與選用食物的特性。Schwarz（2003）建議特殊兒童的進食與營養評估在第一年時應該每個月實施一次，之後每年至少要評估一次。以下就促進孩子口腔動作能力的購物單之評估內容建議如下：

1. 是否具備雙唇閉合能力？如果沒有，什麼樣的食物可以誘發雙唇閉合能力？

2. 是否已有倒吸（吸成眞空）能力？如果沒有，什麼樣的食物可以誘發倒吸能力？

3. 是否已有吸吮能力？如果沒有，什麼樣的食物可以誘發吸吮能力？

4. 多大的食物可以塞入孩子嘴巴，而不會造成窒息？

5. 選擇誘發口腔功能的食物應該考量其口味、溫度、質地、大小、形狀等要素。

6. 下顎、舌頭、兩頰與雙唇在咬合時，是否具備了穩定度與活動力？

7. 在吸吮、吹、咬斷、咀嚼、舔等各項功能上，是否有力量上的變化？

8. 在飲食、自我規範、探索、面部表情與發聲等功能上，是否有變化？

　　評估完成後，進行治療時即以評估結果爲參酌依據，就訓練的次序而言，孩子一定要先能雙唇閉合，然後才能倒吸、吸吮，最後達成吞嚥，訓練口腔控制能力的進度爲下顎→舌頭→嘴唇。口腔運動的治療原則亦要激發出下顎、舌頭、兩頰與雙唇的穩定度與活動力。最後要能整合與挑戰不同飲食類型（由液體→半固體→固體）、獨立進食、探索不同環境、挑戰不同面部表情的變化，與嘗試發出不同的聲音等。這些口腔的治療原則也可以作爲處理流口水的方法，表 10-1 是流口水的原因分析與處理彙整。

◎表 10-1 流口水之原因分析與處理

原因分析	處理方法
吞嚥問題	做吞嚥訓練，可從提供適當的食器與漸進式的食物來訓練其吞嚥。 ①食器：奶瓶→奶瓶杯→鴨嘴杯→杯子→吸管 ②食物：流質→泥狀→半流質→半固體狀→固體狀 注意：食器與食物每次改變以一項為宜。
唇的問題 （如無法閉合）	唇部訓練步驟：唇的開閉→抿唇→接吻的動作→使用杯子→使用吸管
感覺異常： (1)口腔感覺過度敏感 (2)口腔感覺過度鈍感	無論是口腔感覺過度敏感或鈍感，均把握使感覺正常化的原則，但兩者的處理方法不同： ①口腔感覺過度敏感者：做有力量、沒有變化的撫壓，需從不敏感區開始：a.手掌、腳底、肚臍周圍、背部（不敏感區）b.臉部→口腔周圍→口內（先從牙齒外圍再進入舌尖部分） ②口腔感覺過度鈍感者：使用拍打、按摩、刷、冰敷等有變化的方式，直接從臉部敏感區開始，依序口腔周圍→口內（先從牙齒外圍再進入舌尖部分） ◎這些訓練最好在進食前三十分鐘做為佳，每天至少四次。
生病或長牙	看醫生，做適當的診療。
認知的因素	透過教導與運用行為改變技術。
用口呼吸	先看耳鼻喉科，若非器官問題，可以進行呼吸訓練。
發展遲緩	通常流口水的現象，應在兩歲後就消失，如是發展遲緩的孩子，可依其心智發展施予適當的訓練。
注意力的因素	可能教材的難度或學習的情境造成他心理的壓力，可從簡化教材，將步驟更細部化或改善教學情境著手。
口腔自我刺激	利用行為改變技術矯正之。
其他	

　　正常兒童口腔功能除提供進食的目的外，也可利用來探索環境。這種探索具有雙重目的，一是蒐集外在環境的資訊，另一方面則是減低口腔對各種不同質地、味道的敏感度（陳旭

萱，1989），因此在進行口腔動作訓練過程中，也應該增加各種不同質地、味道的食物供孩子進行探索的活動，以擴大其口腔的敏感度。

··◆第四節◆·· 促進口腔動作之購物單

促進口腔動作的購物單可分為食物類與非食物類，茲分別敘述如下：

一、食物類

1. 增強吸與吹之食物：包括酸的食物（例如：檸檬汁）、冰的食物（冰棒、奶昔）……

2. 增進下顎控制之食物：包括耐咬的食物或脆的食物（例如：口香糖、彈性嚼管及乖乖）。

3. 促進口腔覺醒度之食物：包括酸、辣味道及冰冷的食物（例如：酸泡泡糖、辣泡菜、冰塊、跳跳糖）。

二、非食物類

1. 吹的玩具：例如氣球、吹泡泡等。

2. 吹的樂器：吹口琴等。

3. 各式吸管、吸管式水壺等。

坊間所販賣的食物、點心、糖果或玩具等，除了具備溫飽

與把玩的功能外，有些對重度與多重障礙兒童也是具有治療與訓練的功能，根據上述促進口腔功能的購物單，表 10-2 是增進口腔動作功能的購物單與活動的例子：

◎表 10-2　增進口腔動作功能的購物單與活動

類別	物品名稱	功能	使用方式／活動	備註
食物類	冰珍珠奶茶	1.增進雙唇閉合能力 2.增進吸的能力 3.增進咀嚼能力 4.增進口腔覺醒度	吸珍珠奶茶比賽，誰先吸完誰就是冠軍	選擇低糖與加入牛奶取代奶精者較健康
食物類（但不可吞食）	口香糖	1.增進下顎控制能力 2.增進咀嚼能力 3.增進吹及嘴唇閉合的能力	比誰可以吹出的泡泡最大	提醒學生口香糖不可吞下
食物類	蘇打餅乾	1.增進下顎控制能力 2.增進吞嚥的能力 3.增進味覺覺醒度	1.讓學生舔一下餅乾味道，使其感覺鹹味 2.撕下一小片餅乾餵食	適用於增強時機，可延伸至其他味道或其他造型餅乾
食物類	冰棒	1.增進口腔覺醒度 2.增進舔的功能 3.增進吸的功能 4.增進其下顎控制能力	當天氣熱時，孩子表現好時，或打瞌睡時，可提供給孩子當增強物與覺醒物	冰棒選小支者較易訓練
非食物類	吹口琴	1.增進吹、吸的能力 2.增進嘴唇閉合能力 3.增進手部精細動作 4.增進手眼協調能力	最佳琴手：老師示範吹奏，再請學生依號碼指定吹奏	注意口琴的衛生與選用適合的曲目

▸資料來源：李翠玲（2006）

◆•總　結•◆

　　進食困難通常是重度與多重障礙兒童需要及早面對的問題，因此需要及早介入，以協助孩子儘早發展出成熟的口腔運動功能，以利未來相關功能之發展。特教老師與家長可以透過合乎發展階段的購物單，選擇具有療效功能的食物或玩具，並與教學活動結合，使孩子學得進食技巧，以利後續飲食、溝通與情緒的發展。

◆•參考文獻•◆

✛李翠玲（2006）。促進重度與多重障礙兒童進食技能之口腔動作功能購物單設計。**特教園丁季刊**，**21**(4), 7-12。

✛林麗英（民78）。發展障礙兒童的口腔動作訓練與餵食治療。**特殊教育季刊**，**31**，7-13。

✛陳旭萱（民78）。發展障礙兒童口腔動作障礙的形成與處理。**職能治療學會雜誌**，**7**，61-72。

✛Alexander, R. (2001). Feeding and swallowing. In J. L. Bigge, S. J. Best, & K. w. Hellper, ***Teaching individuals with physical, health, or multiple disabilities***. (4th ed., 504-535). Upper saddle River, NJ Merrill Prentice Hall.

✛Alexander, R., Boehme, R., & Cupps, B. (1993). ***Normal development of functional motor skills: The first year of life***.

Tucson, AZ: Therapy Skill Builders.

+ Eicher, P. S. (2002). Feeding. In M. L. Batshaw (Ed.), *Children with disabilities* (5th ed., 549-566). Baltimore: Paul H. Brookes Publishing Co.

+ Farlow, L. J., & Snell, M. E. (2000). Teaching basic self-care skills. In M. E. Snell & F. Brown (Eds.), *Instruction of students with severe handicaps*. (5th ed., 331-339). Upper Saddle River, MJ: Merrill Prentice Hall.

+ Inhelder, B. (1968). *The diagnosis of reasoning in the mentally retarded*. New York: John Day.

+ Lowman, D. K. (2004). Mealtime skills. In F. P. Orelove, D. Sobsy, & R. K. Silberman (Eds.). *Educating Children with Multiple Disabilities: A Collaborative Approach* (4th ed., pp. 563-604). Baltimore: Paul H. Brookes.

+ Morris, S. E. & Klein, M. D. (1987). *Pre-feeding skills*. Tucson: Therapy Skill Builders.

+ Morris, S. E. (1978). Oral-motor development: Normal and abnormal. In J. M. Wilson (Ed.), *Oral-motor function and dysfunction in children*. (pp. 114-122). Chapel Hill: University of North Carolina, Division of Physical Therapy.

+ Motion, S., Northstone, K., Edmond, A., Stucke, S., & Golding, J. (2002). Early feeding problems in children with cerebral palsy: Weight and neurodevelopmental outcomes. *Developmental*

Medicine and Child Neurology, *44*, 40-43.

+ Murphy, S. M., & Caretto, V. (1999). Sensory aspects of feeding. In D. K. Lowman & S. M. Murphy, *The educator's guide to feeding children with disabilities*, (49-64). Balmore: Paul H. Brookes Publishing Co.

+ Orelove, F. P. & Sobsey, D. (1991). *Educating Children with Multiple Disabilities: A Collaborative Approach* (2nd ed.). Baltimore: Paul H. Brookes.

+ Schwarz, S. M. (2003). Feeding disorders in children with developmental disabilities. *Infants and Young Children*, 16(4), 317-330.

+ Sullivan, P. B., Lambert, B., Rose, M., Ford-Adams, M., Johnson, A. & Griffiths, P. (2000). Prevalence and severity of feeding and nutritional problems in children with neurological impairments: Oxford Feeding study. *Developmental Medicine and Child Neurology*, *42*, 674-680.

第十一章

多感官與環境課程

多感官環境（Snoezelen multi-sensory）近年來在多重障礙的教育上逐漸受到重視與應用，其常見的名稱還包括：史露西倫室、多感官教室等，它是 1980 年代在歐洲所發展出來，使用於重度與多重障礙休閒及教育的一種設施，它的方式是透過聲光等刺激以喚醒重障者與多障者之聽覺、視覺、觸覺、嗅覺或味覺，以激發其學習的動機，並改善不良的習癖行為。多感官環境除給予感官刺激外，也能據以設計多感官的課程，目前國內外一些養老院、社區活動中心、醫院、啟智中心與特殊學校也逐漸設置多感官教室，提供需要者進行多感官刺激。此套系統在教育上的使用主要是以重度與多重障礙學生為主。本章即針對多感官環境的理論、配置與課程在多重障礙教育的理論與應用提出說明。

◆◆第一節◆◆　多感官環境發展之背景

我們活在一個充滿感官刺激的世界，由於環境中刺激的作用，我們感官的敏銳度才得以發展。但對重度和多重障礙的孩子來說，他們的感覺能力低下，處於沈睡狀態，因此亟需靠外力來為他們開啟感官能力，從而展開學習的活動（李翠玲，2003）。「多感官環境」（multi-sensor Snoezelen）的布置與應用正符合重障與多障兒童此種需求。Longhorn（1988）就指出，對那些極重度與多重障礙的孩子來說，如果不設法喚醒他們的感覺，他們就不可能開始學習。

多感官環境的設計起源於荷蘭，由荷蘭的 Huls-egge 和 Verheul（1987）爲住宿在 Hartenburg 教養院內的數百位重度及多障者而設計，目的是爲了使他們休閒的場所更有變化。「Snoezelen」流傳到英國，英國人則取其意義，以「Multi-sensory Environment」（多感官環境）來稱呼，並且將之應用於特殊教育中，特別是重度與多重障礙者之教育。到了 1980 年代後期，英國的特殊學校、大型教養機構及日間看顧中心等，已經廣爲使用。目前英國 ROMPA（Chesterfield, United Kingdom）公司專門負責研發多感官環境的設備，美國則有 FlagHouse（Hasbrouck Heights, New Jersey）公司從 1992 年開始出產有關多感官環境的產品，其報告指出該公司已經設置了超過 700 間多感官室，且還逐漸增加中（Botts, Hershfeldt & Christensen-Sandfort, 2008）。國內也有廠商引進其設備，並有部分也在國內製造，因此有越來越多的特殊學校與中心開始設置多感官室，提供予重度與多障礙學生多感官刺激。

多感官環境與課程的設計理論上是希望幫助重度與多障者開啓其感官的能力，近年來已有越來越多的學者投入這方面的研究。截至 2002 年止，共有 21 篇有關多感官環境的實證研究，16 篇以英文發表，其他 5 篇以荷文及法文發表（Lancioni, Cuvo, & O'Reilly, 2002），又其中 14 篇是以智能障礙者爲研究對象，7 篇是以老年癡呆者爲對象。研究結果顯示，有 14 篇研究證明多感官環境設計能在訓練「期中」顯示正面效果，有 4 篇的研究則證實介入階段結束後之「期末」的正面效果，

2篇則顯示達到長期（類化期）正面的成效。似乎多感官環境對障礙者的立即效果較為顯著，但卻不易類化到自然的環境，這也許是因為多感官環境本身就是一個人工化極高的環境設置，而身心障礙者原本類化能力就差，因此一旦撤除介入變項（多感官環境課程），就不易維持其效果至自然之情境中。通常這也是有些學者（Hopkins, Willetts & Orr, 1994; Orr, 1993; Whittaker, 1992）對多感官環境的成效質疑之處。Botts、Hershfeldt與Christensen-Sandfort（2008）分析五篇有關多感官環境的論文發現，這些論文在實證實務的證據仍不足。

　　至於多感官環境與其他學習環境對重度與多障者學習效果之比較，Cuvo、May與Post（2001）就曾將三位極重度智能不足成人安置於室外，透過體能活動課程如走路與盪鞦韆等，和多感官環境進行所設計之課程，及利用客廳的環境進行活動，並比較這三位個案在這些不同的學習環境中，其參與活動動機與減低習癖行為的效果，結果發現在室外學習的效果最好，其次是在多感官環境，效果最差的是在客廳的情境中。但Shapiro、Parush、Sgreen與Roth（1997）則比較多感官環境與遊戲室環境對20位5歲和10歲中度與重度智障者之影響，他們將樣本分為兩組，第一組先施以多感官環境的課程訓練，待休息七天後，再至遊戲室訓練；另一組則循相反順序訓練，並比較其不當習癖行為改善情形與心跳速度變化，結果發現多感官的學習環境比遊戲室環境更能有效減低學生之不良習癖行為，而心跳速度在多感官環境時也呈現較多的變化，顯然多感

官環境較能激發重度與多障學生行為與情緒的動機。

　　以上純以 Cuvo、May 與 Post（2001）和 Shapiro、Parush、Sgreen 與 Roth（1997）的不同研究結果而論，是否因為研究樣本一為成年重障者（Cuvo, May & Post, 2001），一為兒童期重障者（Shapiro, Parush, Sgreen & Roth, 1997），而呈現不同的結果？比較兩研究結果，也顯示出多感官環境似乎對兒童期重度障礙者更有成效，但因為重度與多障者之個別差異極大，且研究樣本不大，因此在推論上仍有其困難度，但不可否認多感官環境與多感官課程的設計，的確提供了重度與多障者安置與課程設計的新機會。

··第二節·· 多感官環境之意義與功能

　　荷蘭語「Snoezelen」為「打瞌睡」（to doze）和「聞味道」（to sniff）之結合，指設計一個不具威脅性的環境，以提供特殊學生多感官的經驗。Snoezelen 的基本理念也就是透過特殊的設備提供視覺、聽覺、觸覺和嗅覺等感官刺激，給予使用者愉快的感知經驗，有助於減低個人的緊張情緒和一些不適應行為。為達成這樣的功能，通常會設置一個結合各種感官刺激與樂趣的教室、房間或角落，並在此空間內置以多感官的設備與器材。

　　多感官環境到底應包含些什麼物件？要如何布置？事實上足以喚醒我們感官方面注意力的設備與器材，在生活上比比皆

是，例如馬路旁檳榔攤閃耀的霓虹燈招牌，迪斯可舞廳的雷射燈光或增加客廳氣氛的泡沫燈管，甚至元宵節晚上應景所拿的燈絲棒等，都是多感官環境布置時常用的器材，老師也可以自製多感官的教具，例如利用廢棄的光碟片懸掛在多感官室的天花板上，打上燈光就可以進行視覺追視的訓練。

　　通常為了凸顯燈光的使用效果，在進行多感官環境布置時，需要一間房間，在這間房間中利用燈光與背景的對比，再加上聲音或音樂的刺激，或一些吊飾的觸感，甚至需要時也可點燃香精，並在地板上鋪上軟墊子，以激發視覺、聽覺、觸覺與味覺的刺激。在經過刻意布置的房間中，老師或訓練者可安排適當的活動，以達到學生諸如放鬆（relaxation）、刺激（stimulation）、溝通（communication）、互動（interaction）和其他的效果，這對那些具有兩種感官缺陷或兼具更多缺陷的孩子來說，因為他們不一定能靠自己的感官在自然的環境中從事探索，因此在如此的設計情境下，是可以提供他們有價值的環境資源（Hirstwood, 1995）。但由於特殊學生個別差異大，其對刺激的反應亦有所不同，有些孩子在多感官環境中能得到有效的刺激，進而激發出學習的潛能，有些則無法發生作用，有些甚至得到反效果，因此事前應經過審慎的評估。

　　總之，要讓多感官環境的刺激功能發揮效果，就應保握住所提供給孩子的刺激要符合三原則：(1)有趣（interesting）；(2)愉悅（enjoyable）與(3)也就是最重要的一點，就是要能夠引導出子未來發展的可能性（future possibilities）（Hirstwood, 1995）。

··◆第三節◆·· 多感官環境之運作

多感官環境的布置如前所述，唯有配合學生的需求來設計，才能達到效果。Pagliano（1999）建議理想的方式是透過專業團隊的評估，以找出孩子最需要的器材來布置環境。對重度的肢體障礙孩子來說，在進入多感官環境的房間後，要先爲孩子找好適當的位置與身體的擺位。其他不同類型障礙之孩子在進入多感官環境時，亦要仔細評估。

以下即分器材種類、不同殘障類別孩子的需求與設計重點分別敘述：

一、應包括哪些設施？

在布置多感官環境除要考慮學生的需求外，同時價格、耐用性、安全性與穩定性也是考慮的重點。通常貴不一定就是好，而且愈貴的器材萬一壞了，其替代品也愈不容易找到。器材儀器擺設愈多也不一定就是好，最好還是要透過專業團隊的評估，以學生的需求爲考量。多感官的房間布置大致可分爲下列幾種類型：

1. 白色房間（White room）

白色房間可作爲休閒、放鬆、香精療法與按摩孩子時使用（Pagliano, 1999）。白色的牆壁、地板與天花板的中性顏色，方便呈現物品，很能展現視覺的效果。在白色房間內可擺置泡沫燈管、軟墊、球池及一些發光的塑膠管子。

雖說白色有凸顯物件的效果，然而白色是無色的，缺乏色彩，容易使房間產生威脅感與無方向感，對那些初次進入多感官環境的視障者而言尤需特別注意。

2. 黑暗房間（Dark room）

黑暗房間的布置原理是強調黑色系會把光線吸收，並把有光線的區塊凸顯出來，較能激發視覺的察覺力，適合做視覺追視訓練。在房間裡擺設的器材可包括手電筒、螢光燈、有顏色的燈館等，以製造光源。

但對部分的孩子來說，黑色的空間也會創造威脅感與無方向感，因此要特別留意孩子的感受。

3. 有聲房間（Sound room）

有聲房間的布置主要是由聽障專家所發展出來，特別強調聽力評量、聽覺刺激和聽能訓練等。

布置有聲房間時通常可放置懸掛式窗簾，窗簾的垂飾可製造聲音的刺激，教師也可在學生所在之角落設計有聲響的教具，或放輕音樂，一方面可藉由音樂舒緩學童之情緒，一方面則可進行聽能訓練。

4. 互動房間（Interactive room）

在多感官環境中所產生的互動關係，可分為教師與學生的互動，或是學生與設備的互動。例如孩童在多感官環境中可透過操弄多感官器材的開關，來發展出控制環境的能力，並激發學生知動能力的發展。

多感官環境的物件包括聲光的刺激，對聲光的刺激每個

人接受的程度不一樣，有的人可能產生愉悅或放鬆或興趣盎然的感覺，這種正向積極的反應通常是多感官環境設計的目的，但仍舊可能使個案無法適應燈光閃爍的刺激，而造成身體的不適，尤其對容易痙攣的腦性麻痺學生，更要特別注意，因此在進行多感官環境的課程之前，應對個案審慎評估其對刺激的喜好與厭惡情形，再進行多感官環境的訓練。之後仍要繼續評估個案在多感官環境中反應的情形，特別要把重點放在找出何種刺激能增進個案學生的學習動機。例如有聲泡泡燈，當其啓動時，往上浮動的泡泡可能讓學生進行部分視覺追視的動作，如再加上聲音的刺激，個案就可能轉動他的眼睛與身體的方向，因此達到行爲反應的能力。在評估個案是否適用多感官環境的過程中，全程錄影是一個實際的作法。

　　設置多感官環境不但需考量購置設備與器材的成本，也要考慮到多感官環境所使用房間的大小。所使用的房間可大可小，甚至教室角落或教具室部分空間也可使用，不過最好還是有獨立空間來設置。

　　至於多感官環境的房間要用何種色系，亦由教師來決定，很多的房間偏向使用白色，因爲白色的牆壁方便做不同顏色光源的投射處理。爲了凸顯主體，也要注意多感官器材的顏色以符合顏色對比的需要，故多感官環境所使用的器材顏色也應審慎選擇。

　　房間要能製造黑暗的效果，因此如在白天做訓練，多感官環境最好能裝置窗簾，窗簾以黑色系或絨布爲佳，以免陽光過

強，無法製造出投射的效果。

房間的通風也是相當重要，因為不能讓陽光進入才能操弄燈光效果，因此多感官環境的房間通常會是密閉式，此時空調設備就顯得相當重要，以保持空氣的流通。

在多感官房間的裝潢方面，舒適與正確擺位的考量是相當重要的，因為孩子在不舒服或不正確的姿勢下，無法激發出正確的學習反應，這也就失去多感官環境布置的目的。通常柔軟舒服的墊子、地毯、楔形板或滾筒等可視需要安置在房間裡。

多感官環境中所使用的器材宜根據孩子的需求來選擇，此時可參考孩子的個別化教育計畫。多感官環境所使用的器材如圖 11-1（五彩花卉燈），主要提供顏色、光覺與視覺追視刺

◎圖 11-1　多感官環境所使用的器材之一：五彩花卉燈

◎圖 11-2　多感官環境所使用的器材之二：光纖

（本圖取自於 ROMPA, 2007）

激，圖 11-2 光纖可提供視覺與觸覺的刺激。這些設備大多要使用到電源，因此要注意用電安全。器材的擺置也應考慮是否會不小心掉落壓到孩子，使孩子受傷。

·◆第四節◆· 多感官環境之課程

利用多感官環境的特性，可將之融入課程中，並視為課程的主題，例如將教室或角落布置為太空船或潛水艇或遊樂場或其他想像得到的空間，以此為課程主題，利用燈光、聲響的效果，營造氣氛，教師即可在此空間中進行諸如說故事、表演等教學活動。多感官的器材能營造出類似太陽升起或下山的景象、水或瀑布的流動聲等，形同劇場的情境，使學生的學

習在具臨場感的氣氛中更能激發「感覺」。石筱郁、唐榮昌（2006）則認為應用多感官室時有幾個方向要把握，包括設計具體可行的教學目標、採用適當的教學技巧、考量教材的可用性及材料的花費與作簡易概念的學習評估。

利用多感官環境之空間與其中的器材可構思出課程主題，並搭配相關教具，這樣的設計可以活化多感官環境，並透過教學技巧，將教學效果彰顯出來。以下範例為多感官環境器材應用於課程之中的一個例子。

❖多感官環境課程教案

時　　間：2008.5.20

設 計 者：李○○老師

題　　目：神祕的海底世界

教學對象：多重障礙、腦性麻痺

教學目標：⑴認識魚類

　　　　　⑵增進多重感官能力

所需教材：五彩泡泡燈（多感官設備）、隧道燈（多感官設備）、魚類圖片、按摩刷、魚類吊飾、彩色筆、剪刀

❖活動流程

⑴準備活動

　播放《海底總動員》音樂，並使用按摩刷刷學生的身體。

⑵發展活動

　①使用五彩泡泡燈、魚類吊飾將教室營造出一個海底世

界。

②播放《海底總動員》影片，老師並在一旁講解補充。

③以圖片介紹電影中出現的魚類。

④令學生說出在海底的感覺。

⑤令學生在一堆魚的圖卡中找出自己喜歡的魚種，並說明為什麼。

⑶綜合活動

　發下學習單，令學生塗上魚的顏色，塗完後，用剪刀剪下魚形，作為教室布置。

◆◆總　結◆◆

　由於使用於重度與多障兒童教育的方法本來就非常有限，而多感官環境的布置與課程即使仍有爭議，但它的發展不啻為多障的教育點了一盞明燈，再加上多感官環境的設備仍具備有令人愉悅、親和力與人性化的特質，因此使得多感官環境的課程在過去數十幾年來逐漸受到特教界的歡迎。我國在開發重度與多重障礙者教育時，多感官環境的設備與教學應用應是值得列入考慮的方法。

◆◆參考文獻◆◆

＋石筱郁、唐榮昌（2006）。多感官室（Multi-sensory room）

對重度障礙學生多感官刺激的應用，**特教園丁，22**(1)，33-39。

✦李翠玲（2003）。多感官環境對多重障礙教育之啓示與應用。**國小特殊教育，36**，10-17。

✦Botts, B. H., Hershfeldt, P. A., & Christensen-Sandfort, R. J. (2008). Snoezelen: Empirical review of product representation. *Focus on Autism and other developmental disabilities, 23*(3), 138-147.

✦Cuvo, A. J., May, M. E., Post, T. M. (2001). Effects of living room, snoezelen room, and outdoor activities on stereotype behavior and engagement by adults with profound mental retardation. *Research in Development Disabilities, 22*, 183-204.

✦Hirstwood, R. (1995). Multi-sensory rooms and dual sensory impairment: use and design. In D. Etheridge (Ed)., *The education of dual sensory impaired children: recognizing and developing ability* (pp. 46-60). London: David Fulton.

✦Hopkins, P. , Willetts, D. & Orr, R. (1994). *Multisensory Environment: a Code of Practice*. London: RNIB.

✦Hulsegge, J. & Verheul, A. (1987). *Snoezelen: Another World*. Chesterfield: ROMPA.

✦Lancioni, G. E., Cuvo, A. J. & O'Reilly, M. F. (2002). Snoezelen: an overview of research with people with developmental disabilities and dementia. *Disability and Rehabilitation, 24*,

175-184.

+ Longhorn, F. (1988). *A sensory curriculum for very special people*. London: Souvenir Press.

+ Mount, H. & Cavet, J. (1995). Multil-sensory environments: an exploration of their potential for young people with profound and multiple learning difficulties. *British Journal of Special Education, 22*, 52-55.

+ Orr, R. (1993). 'Life beyond the room?' *Eye Contact, Summer*, 25-26.

+ Pagliano, P. (1999). *Multisensory environment*. Chesterfield: ROMPA.

+ ROMPA (2007). *Snoezelen-Meeting the sensory needs of all generations*. Chesterfield: ROMPA.

+ Shapiro. Parush, S., Sgreen, M., Roth., D. (1997). The efficacy of the 'snoezelen' in the management of children with mental retardation who exhibit maladaptive behaviours. *The British Journal of Developmental Disabilities*, 43, 140-155.

+ Whittaker, J. (1992). 'Can anyone help me to understand the logic of Snoezelen?', *Community Living*, October, 15.

第十二章

趨勢與困境

多障教育

重度與多重障礙教育隨著人權的興起，逐漸由拒絕、漠視到重視，近年來更受到融合教育的影響，強調環境的支持以促進重度與多障學生的融合，除此外，配合國際發展與社會需求，重度與多重障礙者的教育應該配合趨勢來發展，才能有效提升重度與多重障礙者的生活品質。以下是有關重度與多重障礙者教育之可能發展趨勢，並針對長久以來在重度與多重障礙教育上存在的問題與可能解決之道提出探討。

·◆第一節◆· 趨勢

隨著觀念的開放，多重障礙學生接受教育的觀念逐漸受到重視，然而多重障礙之教育挑戰性極高，仍需要有些條件需要加以配合，歸納而言，多重障礙者教育之趨勢大致歸納如下：

一、個別化教學規劃

重度與多重障礙者障礙與程度多樣化，且彼此之間個別差異大，針對個人需求加以評估與設計教學才能收到成效，因此針對這些學生量身製作符合其需求的教學就有其必要性，為多障學生所進行個案研究也有必要。

二、融合教育

著眼於重度與多重障礙者的人權與教育成效，將之安置於

普通班是最理想的方式，同時隨著融合教育的共識形成，未來重度與多重障礙融合於普通學生中與其他特殊兒童或甚至是普通孩子共同學習，也是應該要面對的趨勢，因此環境上如何給予支持則更應仔細考量，才能使融合的效果呈現。

三、科技整合

科技的進步為重度與多重障礙者帶來生活與學習上的可能性與方便性，例如多感官環境設備的建置開發了這些孩子感官能力，生活與學習輔具的開發創造了環境的可及性，使多重障礙孩子接受教育的機會增加，未來科技進步，必定能為更多重度與多重障礙者的學習帶來影響，使得重度與多重障礙者之學習更有可能。

四、專業團隊

多重障礙者的複雜程度必須仰賴醫療、社工、教育與職業復健等領域共同診斷與介入，未來也是如此，因此以孩子為中心，該如何加強各領域的合作，是未來應加以思考者。

五、轉銜至成人生活

重度與多重障礙者在學校所學的成本相當高，畢業之後，在轉銜的過程中，應該思索如何將教育的效能加以發揮，而非最後仍留在家中，因此未來在為這些孩子準備在校期間的課程

時，就應該朝著如何加強轉銜教育，以備未來轉銜到成人生活時，能獨立生活，提高生活品質，減少依賴。

◆第二節◆　困境與建議

重度與多重障礙者教育是一項高度挑戰的工作，雖然目前趨勢是融合教育，但很多時候一些地方仍然共識還不夠，再加上配套措施未必完善，不論在環境支援或人力支援上仍有阻力，這些困境仍有待化解，茲將多重障礙者的困境與建議說明如下：

一、安置場所不夠接納

雖然融合教育是目前教育趨勢，但重度與多重障礙者之教育涉及人力與設備支援，如果沒有完備的人力與設備，及接納的氣氛，解決重度與多重障礙者之學習與生活問題，融合教育的理想仍不易實現，因此多元化的安置場所仍有其必要性。

二、專業間合作不易

雖然專業團隊對重度與多重障礙者教育是最理想方式，但不可否認，各單位間的聯繫與合作仍有其困難度，角色釋放的難度仍高，尤其更需要龐大的經費挹注，這些都是在發展重度與多重障礙教育時應加以注意處。

三、教學士氣易低落

　　由於重度與多重障礙學生的教學成效不易在短時間內呈現，因此老師較難有成就感，教學士氣較低，再加上多重障礙學生的教學挑戰高，壓力比教育輕度障礙學生者為高，因此造成教師的流動率高，只要一有機會，多重障礙教育教師多往輕度障礙教育環境流動，造成多重障礙教學的經驗不易累積，也造成往往是新任教師從事最需要經驗累積的多障教學工作，使得多重障礙之效果不易彰顯。針對如何透過制度以提升從事重度與多重障礙工作者教師士氣，是未來行政者應加以思考的方向。

·◆總　結◆·

　　多重障礙教育的趨勢包括：個別化教學規劃、融合教育、科技整合、專業團隊與轉銜至成人生活等。從事多重障礙教育時仍要面對的問題包括：安置場所不夠接納、專業間合作不易、教學士氣易低落等，這些問題仍有待改進。

·❖附錄一·❖· 小學生觸覺檢核表

計分方法：反應「否」得 1 分，「一點點」得 2 分，「是」得 3 分。

反 應 題 號　　　　　　問　　題
　1　　2　　3
【　】【　】【　】1.光腳走路是否使你不舒服？
【　】【　】【　】2.毛毛的襪子是否使你不舒服？
【　】【　】【　】3.毛毛的襯衫是否使你不舒服？
【　】【　】【　】4.高領套頭衫是否使你不舒服？
【　】【　】【　】5.洗臉是否讓你不舒服？
【　】【　】【　】6.剪指甲是否讓你不舒服？
【　】【　】【　】7.別人替你梳頭，是否讓你不舒服？
【　】【　】【　】8.在地毯上玩，是否使你不舒服？
【　】【　】【　】9.當別人碰觸到你，你是否會想抓一抓那個被觸的地方？
【　】【　】【　】10.當別人碰觸到你，你是否會想揉一揉那個被觸的地方？
【　】【　】【　】11.光腳在草上或砂上走路，是否使你不舒服？
【　】【　】【　】12.弄髒，是否讓你不舒服？
【　】【　】【　】13.你是否很難集中注意力？
【　】【　】【　】14.如果你看不見是誰在碰你，你是否不舒服？
【　】【　】【　】15.手指畫是否讓你不舒服？
【　】【　】【　】16.粗糙的床單，是否讓你不舒服？
【　】【　】【　】17.你是否喜歡碰別人，但是不喜歡別人碰你？
【　】【　】【　】18.別人從你背後接近你，是否使你不自在？
【　】【　】【　】19.被雙親以外的人親吻，是否使你不舒服？
【　】【　】【　】20.被摟抱，是否使你不舒服？
【　】【　】【　】21.用腳玩遊戲，是否使你不舒服？
【　】【　】【　】22.臉被觸碰，是否使你不舒服？
【　】【　】【　】23.不期然被碰，是否使你不舒服？
【　】【　】【　】24.你是否交朋友有困難？
【　】【　】【　】25.排隊時，是否使你不自在？
【　】【　】【　】26.有人靠近你，是否使你不自在？

【　】　　　　　得 1 分的題數 ×1＝【　　　】

　　【　】　　　　得 2 分的題數 ×2＝【　　　】

　　　【　】　　　得 3 分的題數 ×3＝【　　　】

　　　　　　　　　總分＝【　　　】
　　　　　　　　百分數＝【　　　】

··附錄二··　身心障礙教育專業團隊設置與實施辦法

中華民國八十八年一月二十七日

教育部臺（八八）參字第八八〇〇八〇一二號令

訂定發布全文十條

【第一條】

本辦法依特殊教育法（以下簡稱本法）第二十二條規定訂定之。

【第二條】

本法第二十二條所稱專業團隊，指爲因應身心障礙學生之課業學習、生活、就業轉銜等需求，結合衛生醫療、教育、社會福利、就業服務等不同專業人員所組成之工作團隊，以提供統整性之特殊教育及相關服務。

前項專業團隊由特殊教育教師、普通教育教師、特殊教育相關專業人員及教育行政人員等共同參與爲原則，並得依學生之需要彈性調整之。

前項所稱特殊教育相關專業人員，指特殊教育相關專業人員及助理人員遴用辦法第二條規定之人員。

【第三條】

前條第一項所稱統整性之特殊教育及相關服務如下：

一、評量學生能力及其生活環境。

二、參與學生個別化教育計畫。

三、依個別化教育計畫，提供學生所需之教育、衛生醫療及轉銜輔導等專業服務。

四、提供家長諮詢、教育及社會福利等家庭支援性服務。

五、提供其他相關專業服務。

【第四條】

直轄市、縣（市）主管教育行政機關應視學校規模及身心障礙學生之需求，以任務編組方式，於高級中等以下學校或直轄市、縣（市）設置專業團隊。但置有專（兼）任特殊教育相關專業人員之特殊教育學校（班）應於校內設置專業團隊。

高級中等以上學校得於校內設置專業團隊，或由該主管教育行政機關協調當地專業團隊提供相關專業服務。

【第五條】

直轄市或縣（市）專業團隊成員之遴用，除法令另有規定外，應依直轄市、縣（市）主管教育行政機關之規定。

【第六條】

專業團隊之合作方式及運作程序如下：

一、由相關團隊成員共同先就個案討論後再進行個案評估，或由各團隊成員分別實施個案評估後再共同進行個案討論，作成評估結果。

二、專業團隊依前款評估結果，透過會議，確定教育及相關專業服務之重點及目標，完成個別化教育計畫之擬定。

三、個別化教育計畫之執行及追蹤評鑑，由與個案最密切
　　之專業團隊成員在其他成員之諮詢、指導或協助下負
　　責爲之，或由各專業團隊成員分別負責爲之。

【第七條】

　專業團隊每學年應至少召開三次團隊會議。

　專業團隊置召集人一人，負責團隊會議召集、意見整合及
工作協調。召集人之產生方式由專業團隊設置單位定之。

【第八條】

　專業團隊於提供身心障礙學生專業服務前，應徵詢學生家
長同意；實施專業服務時，應主動邀請學生家長參與；服務後
之結果，應通知學生家長，並作成紀錄，建檔保存。

【第九條】

　專業團隊所需經費，由各該主管教育行政機關編列預算支
應，中央主管教育行政機關應視需要補助之。

【第十條】

　本辦法自發布日施行。

·◆附錄三◆· 特殊教育法

中華民國八十六年五月十四日

總統華總(一)義字第八六〇〇一一二八二〇號令修正公布

【第一條】

　　為使身心障礙及資賦優異之國民，均有接受適性教育之權利，充分發展身心潛能，培養健全人格，增進服務社會能力，特制定本法；本法未規定者，依其他有關法律之規定。

【第二條】

　　本法之主管教育行政機關；在中央為教育部；在省（市）為省（市）政府教育廳（局）；在縣（市）為縣（市）政府。

　　本法所定事項涉及各目的事業主管機關業務時，各該機關應配合辦理。

【第三條】

　　本法所稱身心障礙，係指因生理或心理之顯著障礙，致需特殊教育和相關特殊教育服務措施之協助者。

　　本法所稱身心障礙，指具有左列情形之一者：

一、智能障礙。

二、視覺障礙。

三、聽覺障礙。

四、語言障礙。

五、肢體障礙。

六、身體病弱。

七、嚴重情緒障礙。

八、學習障礙。

九、多重障礙。

十、自閉症。

十一、發展遲緩。

十二、其他顯著障礙。

【第四條】

本法所稱資賦優異，係指在左列領域中有卓越潛能或傑出表現者：

一、一般智能。

二、學術性向。

三、藝術才能。

四、創造能力。

五、領導能力。

六、其他特殊才能。

【第五條】

特殊教育之課程、教材及教法，應保持彈性，適合學生身心特性及需要；其辦法，由中央主管教育行政機關定之。對身心障礙學生，應配合其需要，進行有關復健、訓練治療。

【第六條】

各級主管教育行政機關為研究改進特殊教育課程、教材教法及教具之需要，應主動委託學術及特殊教育學校或特殊教育

機構等相關單位進行研究。中央主管教育行政機關應指定相關機關成立研究發展中心。

【第七條】

特殊教育之實施，分下列三階段：

一、學前教育階段，在醫院、家庭、幼稚園、托兒所、特殊幼稚園（班）、特殊教育學校幼稚部或其他適當場所實施。

二、國民教育階段，在醫院、國民小學、國民中學、特殊教育學校（班）或其他適當場所實施。

三、國民教育階段完成後，在高級中等以上學校、特殊教育學校（班）、醫院或其他成人教育機構等適當場所實施。為因應特殊教育學校之教學需要，其教育階段及年級安排，應保持彈性。

【第八條】

學前教育及國民教育階段之特殊教育，由直轄市或縣（市）主管教育行政機關辦理為原則。

國民教育完成後之特殊教育，由各級主管教育行政機關辦理。

各階段之特殊教育，除由政府辦理外，並鼓勵或委託民間辦理。主管教育行政機關對民間辦理特殊教育應優予獎助；其辦法，由中央主管教育行政機關定之。

【第九條】

各階段特殊教育之學生入學年齡及修業年限，對身心障礙

國民，除依義務教育之年限規定辦理外，並應向下延伸至三歲，於本法公布施行六年內逐步完成。

身心障礙學生因故休學者，得再延長其修業及復學年限。

對於失學之身心障礙國民，各級政府應規劃實施免費之成人教育。

對資賦優異者，得降低入學年齡或縮短修業年限；其辦法，由中央主管教育行政機關定之。

【第十條】

為執行特殊教育工作，各級主管教育行政機關應設專責單位，各級政府承辦特殊教育業務人員及特殊教育學校之主管人員，應優先任用相關專業人員。

【第十一條】

各師範校院應設特殊教育中心，負責協助其輔導區內特殊教育學生之鑑定、教學及輔導工作。

大學校院設有教育院、系、所、學程或特殊教育系、所、學程者，應鼓勵設特殊教育中心。

【第十二條】

直轄市及縣（市）主管教育行政機關應設特殊教育學生鑑定及就學輔導委員會，聘請衛生及有關機關代表、相關服務專業人員及學生家長代表為委員，處理有關鑑定、安置及輔導事宜。有關之學生家長並得列席。

【第十三條】

各級學校應主動發掘學生特質，透過適當鑑定，按身心發

展狀況及學習需要，輔導其就讀適當特殊教育學校（班）、普通學校相當班級或其他適當場所。身心障礙學生之教育安置，應以滿足學生學習需要爲前提下，最少限制的環境爲原則。直轄市及縣（市）主管教育行政機關應每年重新評估其教育安置之適當性。

【第十四條】

爲使就讀普通班之身心障礙學生得到適當之安置與輔導，應訂定就讀普通班身心障礙學生之安置原則與輔導辦法；其辦法，由各級主管教育行政機關定之。

爲使普通班老師得以兼顧身心障礙學生及其他學生之需要，身心障礙學生就讀之普通班應減少班級人數；其辦法，由各級主管教育行政機關定之。

【第十五條】

各級主管教育行政機關應結合特殊教育機構及專業人員，提供普通學校輔導特殊教育學生之有關評量、教學及行政支援服務；其辦法，由中央主管教育行政機關定之。

【第十六條】

特殊教育學校（班）之設立，應力求普及，以小班、小校爲原則，並朝社區化方向發展。

少年監獄、少年輔導院、社會福利機構及醫療機構附設特殊教育班，應報請當地主管教育行政機關核准後辦理。

私立特殊教育學校，其設立標準，由中央主管教育行政機關定之。

【第十七條】

　　為普及身心障礙兒童及青少年之學前教育、早期療育及職業教育，各級主管教育行政機關應妥當規劃加強推動師資培訓及在職訓練。

　　特殊教育學校（班）、特殊幼稚園（班），應依實際需要置特殊教育教師、相關專業服務人員及助理人員。特殊教育教師之資格及任用，依師資培育法及教育人員任用條例之規定；相關專業人員及助理人員之遴用辦法，由中央主管教育行政機關定之。

　　特殊教育學校（班）、特殊幼稚園（班）設施之設置，應以適合個別化教學為原則，並提供無障礙之學習環境及適當之相關服務。

　　前二項人員及設施之設置標準，由中央主管教育行政機關定之。

【第十八條】

　　設有特殊教育系（所）之師範大學、師範學院或一般大學，為辦理特殊教育各項實驗研究，並供教學實習，得附設特殊教育學校（班）。

【第十九條】

　　接受國民教育以上之特殊教育學生，其品學兼優或有特殊表現者，各級政府應給予獎助；家境清寒者，應給予助學金、獎學金或教育補助費。

　　前項學生屬身心障礙者，各級政府應減免其學雜費，並依

其家庭經濟狀況，給予個人必需之教科書及教育補助器材。

身心障礙學生於接受國民教育時，無法自行上下學者，由各級政府免費提供交通工具；確有困難，無法提供者，補助其交通費。

前三項之獎助辦法，由各級政府定之。

【第二十條】

身心障礙學生，在特殊教育學校（班）修業期滿，依修業情形發給畢業證書或修業證書。對失學之身心障礙國民，應擬定各級學校學力鑑定辦法及規劃實施成人教育辦法；其相關辦法，由各級主管教育行政機關定之。

【第二十一條】

完成國民教育之身心障礙學生，依其志願報考各級學校或經主管教育行政機關甄試、保送或登記、分發進入各級學校，各級學校不得以身心障礙為由拒絕其入學；其升學輔導辦法，由中央主管教育行政機關定之。

【第二十二條】

身心障礙教育之診斷與教學工作，應以專業團隊合作進行為原則，集合衛生醫療、教育、社會福利、就業服務等專業，共同提供課業學習、生活、就業轉銜等協助；身心障礙教育專業團隊設置與實施辦法，由中央主管教育行政機關定之。

【第二十三條】

各級主管教育行政機關應每年定期舉辦特殊教育學生狀況調查及教育安置需求人口通報，出版統計年報，並依據實際需

求規劃設立各級特殊學校（班）或其他身心障礙教育措施及教育資源的分配，以維護特殊教育學生接受適性教育之權利。

【第二十四條】

就讀特殊學校（班）及一般學校普通班之身心障礙者，學校應依據其學習及生活需要，提供無障礙環境、資源教室、錄音及報讀服務、提醒、手語翻譯、調頻助聽器、代抄筆記、盲用電腦、擴視鏡、放大鏡、點字書籍、生活協助、復健治療、家庭支援、家長諮詢等必要之教育輔助器材及相關支持服務；其實施辦法，由各級主管教育行政機關定之。

【第二十五條】

為提供身心障礙兒童及早接受療育之機會，各級政府應由醫療主管機關召集，結合醫療、教育、社政主管機關，共同規劃及辦理早期療育工作。對於就讀幼兒教育機構者，得發給教育補助費。

【第二十六條】

各級學校應提供特殊教育學生家庭包括資訊、諮詢、輔導、親職教育課程等支援服務，特殊教育學生家長至少一人為該校家長會委員。

【第二十七條】

各級學校應對每位身心障礙學生擬定個別化教育計畫，並應邀請身心障礙學生家長參與其擬定與教育安置。

【第二十八條】

資賦優異學生經學力鑑定合格者，得以同等學力參加高一

級學校入學考試或保送甄試升學；其辦法，由中央主管教育行政機關定之。

縮短修業年限之資賦優異學生，其學籍及畢業資格，比照應屆畢業學生辦理。

【第二十九條】

資賦優異教學，應以結合社區資源、參與社區各類方案為主，並得聘任具特殊專才者為特約指導教師。

各級學校對於身心障礙及社經文化地位不利之資賦優異學生，應加強鑑定與輔導。

【第三十條】

各級政府應按年從寬編列特殊教育預算，在中央政府不得低於當年度教育主管預算百分之三；在地方政府不得低於當年度教育主管預算百分之五。

地方政府編列預算時，應優先辦理身心障礙學生教育。

中央政府為均衡地方身心障礙教育之發展，應視需要補助地方人事及業務經費以辦理身心障礙教育。

【第三十一條】

各級主管教育行政機關為促進特殊教育發展及處理各項權益申訴事宜，應聘請專家、學者、相關團體、機構及家長代表為諮詢委員，並定期召開會議。

為保障特殊教育學生教育權利，應提供申訴服務；其服務設施辦法，由中央主管教育行政機關定之。

【第三十二條】

本法施行細則，由中央主管教育行政機關定之。

【第三十三條】

本法自公布日施行。

·❖附錄四❖·　特殊教育法施行細則

中華民國七十六年三月二十五日臺（七六）參字第一二六一九號令發布

中華民國八十七年五月二十九日臺（八七）參字第八七一〇五七二六六號令修正發布

中華民國八十八年八月十日臺（八七）參字第八八〇九七五五一號令修正發布

【第一條】

本細則依特殊教育法（以下簡稱本法）第三十二條規定訂定之。

【第二條】

本法第三條第二項各款所列身心障礙者及第四條各款所列資賦優異者，其鑑定原則、鑑定基準，由中央主管教育行政機關會商相關機關定之。

【第三條】

本法第七條第一項第一款所稱特殊幼稚園，指爲身心障礙或資賦優異者專設之幼稚園；所稱特殊幼稚班，指在幼稚園爲身心障礙或資賦優異者專設之班。

本法第七條第一項第二款及第三款所稱特殊教育學校，指爲身心障礙或資賦優異者專設之學校；所稱特殊教育班，指在國民小學、國民中學、高級中學、職業學校或依本法第十六條

第二項為身心障礙或資賦優異者專設之班。

依本法第七條第一項第三款所稱高級中等以上學校，指高級中學、職業學校、專科學校及大學。

【第四條】

政府、民間依本法第八條規定辦理特殊教育學校（班）者，其設立、變更及停辦之程序如下：

一、公立特殊教育學校：國立者，由中央主管教育行政機關核定。直轄市及縣（市）立者，由直轄市及縣（市）主管教育行政機關核定，報請中央主管教育行政機關備查。

二、公立學校之特殊教育班：由學校之主管教育行政機關核定。

三、私立特殊教育學校：依私立學校法規定之程序辦理。

四、私立學校之特殊教育班：由學校之主管教育行政機關核定。

各階段特殊教育除依前項規定辦理外，公、私立學校並得依學生之特殊教育需要，自行擬具特殊教育方案，向各級主管教育行政機關申請辦理之；其方案之基本內容及申請程序，由各級主管教育行政機關定之。

【第五條】

各級主管教育行政機關得依本法第八條第三項委託民間辦理特殊教育學校（班）或其他教育方案，其委託方式及程序由各該主管教育行政機關定之。

【第六條】

　　為辦理本法第九條第一項身心障礙學生入學年齡向下延伸至三歲事項，直轄市、縣（市）政府應普設學前特殊教育設施，提供適當之相關服務。

　　直轄市、縣（市）政府對於前項接受學前特殊教育之身心障礙學生，應視實際需要提供教育補助費。

　　第一項所稱學前特殊教育設施，指在本法第七條第一項第一款所定場所設置之設備或提供之措施。

【第七條】

　　學前教育階段身心障礙兒童，應以與普通兒童一起就學為原則。

【第八條】

　　本法第十條所稱專責單位，指於各級主管教育行政機關置專任人員辦理特殊教育行政工作之單位。

【第九條】

　　本法第十二條所稱特殊教育學生鑑定及就學輔導委員會（以下簡稱鑑輔會），應以綜合服務及團隊方式，辦理下列事項：

一、議決鑑定、安置及輔導之實施方法與程序。

二、建議專業團隊及特殊教育資源中心應遴聘之專業人
　　員。

三、評估特殊教育工作績效。

四、執行鑑定、安置及輔導工作。

五、其他有關特殊教育鑑定、安置及輔導事項。

直轄市、縣（市）主管教育行政機關應從寬編列鑑輔會年度預算，必要時由中央主管教育行政機關補助之。

鑑輔會應置主任委員一人，由直轄市、縣（市）主管教育行政機關首長兼任之；並指定專任人員辦理鑑輔會事務。鑑輔會之組織及運作方式由直轄市、縣（市）主管教育行政機關定之。

【第十條】

直轄市、縣（市）主管教育行政機關應結合鑑輔會、特殊教育資源中心、特殊教育諮詢委員會、身心障礙教育專業團隊及其他相關組織，建立特殊教育行政支援系統；其聯繫及運作方式由直轄市、縣（市）主管教育行政機關定之。

前項所稱特殊教育資源中心，指直轄市、縣（市）主管教育行政機關為協助辦理特殊教育相關事項所設之任務編組；其成員，由直轄市、縣（市）主管教育行政機關就學校教師、學者專家或相關專業人員聘兼之。

【第十一條】

鑑輔會依本法第十二條安置身心障礙學生，應於身心障礙學生教育安置會議七日前，將鑑定資料送交學生家長；家長得邀請教師、學者專家或相關專業人員陪同列席該會議。

鑑輔會應就前項會議所為安置決議，於身心障礙學生入學前，對安置機構以書面提出下列建議：

一、安置場所環境及設備之改良。

二、復健服務之提供。

三、教育輔助器材之準備。

四、生活協助之計畫。

前項安置決議，鑑輔會應依本法第十三條每年評估其適當性；必要時，得視實際狀況調整安置方式。

【第十二條】

國民教育階段特殊教育學生之就學以就近入學為原則。但其學區無合適特殊教育場所可安置者，得經其主管鑑輔會鑑定後，安置於適當學區之特殊教育場所。

前項特殊教育學生屬身心障礙者，直轄市、縣（市）主管教育行政機關應依本法第十九條第三項規定，提供交通工具或補助其交通費。

【第十三條】

依本法第十三條輔導特殊教育學生就讀普通學校相當班級時，該班級教師應參與特殊教育專業知能研習，且應接受特殊教育教師或相關專業人員所提供之諮詢服務。

本法第十三條所稱輔導就讀特殊教育學校（班），指下列就讀情形：

一、學生同時在普通班及資源班上課者。

二、學生同時在特殊教育班及普通班上課，且其在特殊教育班上課之時間超過其在校時間之二分之一者。

三、學生在校時間全部在特殊教育班上課者。

四、學生在特殊教育學校上課，且每日通學者。

五、學生在特殊教育學校上課，且在校住宿者。

申請在家教育之身心障礙學生，除依強迫入學條例第十三條規定程序辦理外，其接受安置之學校應邀請其家長參與該學生之個別化教育計畫之擬定；其計畫內應載明特殊教育教師或相關專業人員巡迴服務之項目及時間，並經其主管鑑輔會核准後實施。

【第十四條】

資賦優異學生入學後，學校應予有計畫之個別輔導；其輔導項目，應視學生需要定之。

【第十五條】

資賦優異學生，如須轉入普通班或一般學校就讀者，原就讀學校應輔導轉班或轉校，並將個案資料隨同移轉，以便追蹤輔導。

【第十六條】

各級主管教育行政機關於依本法第二十三條實施特殊教育學生狀況調查後，應建立各階段特殊教育學生通報系統，並與衛生、社政主管機關所建立之通報系統互相協調、結合。

本法第二十三條所定出版統計年報，應包含接受特殊教育服務之學生人數與比率、教育安置狀況、師資狀況及經費狀況等項目。

【第十七條】

本法第二十六條所定提供特殊教育學生家庭支援服務，應由各級學校指定專責單位辦理。其服務內容應於開學後二週內

告知特殊教育學生家長；必要時，應依據家長之個別需要調整服務內容及方式。

【第十八條】

本法第二十七條所稱個別化教育計畫，指運用專業團隊合作方式，針對身心障礙學生個別特性所擬定之特殊教育及相關服務計畫，其內容應包括下列事項：

一、學生認知能力、溝通能力、行動能力、情緒、人際關係、感官功能、健康狀況、生活自理能力、國文、數學等學業能力之現況。

二、學生家庭狀況。

三、學生身心障礙狀況對其在普通班上課及生活之影響。

四、適合學生之評量方式。

五、學生因行為問題影響學習者，其行政支援及處理方式。

六、學年教育目標及學期教育目標。

七、學生所需要之特殊教育及相關專業服務。

八、學生能參與普通學校（班）之時間及項目。

九、學期教育目標是否達成之評量日期及標準。

十、學前教育大班、國小六年級、國中三年級及高中（職）三年級學生之轉銜服務內容。

前項第十款所稱轉銜服務，應依據各教育階段之需要，包括升學輔導、生活、就業、心理輔導、福利服務及其他相關專業服務等項目。

　　參與擬定個別化教育計畫之人員，應包括學校行政人員、教師、學生家長、相關專業人員等，並得邀請學生參與；必要時，學生家長得邀請相關人員陪同。

　　【第十九條】

　　前條個別化教育計畫，學校應於身心障礙學生開學後一個月內訂定，每學期至少檢討一次。

　　【第二十條】

　　依本法第二十九條第二項鑑定身心障礙之資賦優異學生及社經文化地位不利之資賦優異學生時，應選擇適用該學生之評量工具與程序，得不同於一般資賦優異學生。

　　依本法第二十九條第二項輔導身心障礙之資賦優異學生及社經文化地位不利之資賦優異學生時，其教育方案應保持最大彈性，不受人數限制，並得跨校實施。

　　學校對於身心障礙之資賦優異學生之教學，應就其身心狀況，予以特殊設計及支援。

　　【第二十一條】

　　主管教育行政機關對各階段特殊教育，應至少每二年評鑑一次；其評鑑項目，由各級主管教育行政機關定之。

　　【第二十二條】

　　本細則自發布日施行。

國家圖書館出版品預行編目資料

重度與多重障礙／李翠玲著.
--一版.—臺北市：五南,2009.01
面；　公分
含參考書目
ISBN 978-957-11-5449-7（平裝）

1.特殊教育　2.多重障礙

529.6　　　　　　　　　　97021861

1ITR

重度與多重障礙

作　　　者 — 李翠玲(95.4)

發 行 人 — 楊榮川

總 經 理 — 楊士清

副總編輯 — 陳念祖

責任編輯 — 謝麗恩　李敏華

封面設計 — 童安安

出 版 者 — 五南圖書出版股份有限公司

地　　　址：106台北市大安區和平東路二段339號4樓

電　　　話：(02)2705-5066　傳　　　真：(02)2706-6100

網　　　址：http://www.wunan.com.tw

電子郵件：wunan@wunan.com.tw

劃撥帳號：01068953

戶　　　名：五南圖書出版股份有限公司

法律顧問　林勝安律師事務所　林勝安律師

出版日期　2009年 1 月初版一刷
　　　　　2018年12月初版三刷

定　　　價　新臺幣390元